# LIBERACIÓN FINANCIERA
## A TRAVÉS DEL
# AYUNO

*Una guía para descubrir el plan perfecto de Dios para sus finanzas*

ELMER L. TOWNS

**peniel**

BUENOS AIRES - MIAMI - SAN JOSÉ - SANTIAGO

www.editorialpeniel.com

*Liberación financiera a través del ayuno*
Elmer L. Towns

Publicado por:
***Editorial Peniel***
Boedo 25
Buenos Aires C1206AAA - Argentina
Tel. (54-11) 4981-6034 / 6178
e-mail: info@peniel.com.ar

www.editorialpeniel.com

***Fasting for financial break through***

**Copyright © 2002 by Elmer L. Towns**
Originally published in the USA by Regal Books,
A Division of Gospel Light Publications, Inc.
Ventura, CA 93006 U.S.A.
All rights reserved

Traducido al español por: Beatriz Sesoldi
Copyright © 2003 Editorial Peniel

Diseño de cubierta e interior: arte@peniel.com.ar

ISBN Nº 987-557-014-1
Producto editoral Nº 316130

Edición Nº 1 Año 2003

Ninguna parte de esta publicación puede ser reproducida en
ninguna forma sin el permiso por escrito del autor o la editorial.

Se ha utilizado la Biblia versión Reina Valera, revisión 1960, © Sociedades
Bíblicas Unidas.

Impreso en Colombia
Printed in Colombia

# Contenidos

Nota del autor..................................................................5
Introducción....................................................................7

**Capítulo 1**..................................................................13
INTERVENCIÓN FINANCIERA A TRAVÉS DEL AYUNO Y LA ORACIÓN
*Han habido muchas ocasiones en las que Dios ha resuelto muchos problemas a su pueblo porque el pueblo ayunó y oró.*

**Capítulo 2**..................................................................33
AYUNAR PARA EDIFICAR SU FE
*Antes de poder orar por una liberación financiera, debemos tener fe para decirle a la montaña –que puede ser nuestro problema financiero– "Quítate y échate en el mar" (Marcos 1:23). Podemos ayunar para cimentar nuestra fe para lograr victorias financieras.*

**Capítulo 3**..................................................................43
AYUNAR PARA APRENDER SOBRE LA ADMINISTRACIÓN
*La administración –que es el manejo justo del tiempo, talento y tesoro de un individuo para la gloria de Dios– se aprende a través del ayuno.*

**Capítulo 4** ....................................................................57
POR QUÉ TENEMOS PROBLEMAS DE DINERO
*Mientras ayunamos y oramos por nuestros problemas de dinero, podemos aprender por qué hemos tenido dificultades financieras. Cuando sabemos por qué tenemos problemas de dinero, podemos hacer algo respecto a ellos.*

**Capítulo 5** ....................................................................67
PROVISIÓN DE DIOS PARA OBREROS E INSTITUCIONES CRISTIANAS
*Algunos misioneros y siervos de Dios están en ministerios donde siempre necesitan dinero para evangelismo o expansión. Dios parece responder sus oraciones por dinero en una forma maravillosa.*

**Capítulo 6** ....................................................................79
LA FE ANIMA A AYUNAR POR DINERO
*Pedir por dinero no es suficiente para lograr una liberación financiera. Debemos aplicar correctamente la fe bíblica de la oración y ayunar para obtener respuestas de dinero.*

**Capítulo 7** ....................................................................93
SATANÁS Y EL DINERO
*Satanás odia a Dios y a menudo usa los problemas financieros con la intención de "atrapar a Dios", atacando la obra y a los obreros de Dios. Necesitamos ser conscientes de sus planes y extender misericordia para con los demás así como el apóstol Pablo escribió: "Y al que vosotros perdonáis, yo también; porque también yo lo que he perdonado, si algo he perdonado, por vosotros lo he hecho en presencia de Cristo, para que Satanás no gane ventaja alguna sobre nosotros; pues no ignoramos sus maquinaciones" (2 Corintios 2:10-11).*

**Epílogo** ......................................................................101

## Nota del autor

Leer este libro por sí mismo le dará un panorama reducido del ayuno, y usted podrá conformarse pensando que el ayuno es simplemente un medio para lograr cosas como el dinero. Aunque es verdad que el ayuno es una forma poderosa de liberarse efectivamente de los problemas financieros, el propósito primario de la oración y el ayuno es conocer a Dios. El ayuno no se trata de alimento, se trata de meditación, reflexión sobre las Escrituras y comunión con Dios. Si está comenzando a explorar el área del ayuno y la oración como una parte de su vida y le gustaría una perspectiva más amplia sobre este tema vital, puede leer mi libro *Liberación espiritual a través del ayuno* para un panorama equilibrado y comprensivo.

Asimismo, quiero recalcar que no todas las personas deben ayunar del alimento físico. Si usted tiene una de las aproximadamente treinta patologías físicas que requiere alimento, dañaría su salud si ayuna. Dios no quiere que usted se dañe físicamente, eso es misticismo. Antes de intentar ayunos extensos, consulte a su médico.

# Introducción

Cuando vine a trabajar con Jerry Falwell en Lynchburg, Virginia, EE.UU., en 1971, para ayudar a emprender la Universidad Liberty, descubrí que Jerry no solamente hizo una práctica personal de ayuno por las finanzas, sino que además alentó y enseñó a su congregación a hacerlo también. Por lo tanto, cuando Jerry pidió un ayuno congregacional para orar por dinero para la universidad, fue algo natural para él, pero no para mí. De hecho, fui intimidado por el desafío. Como líder en la escuela recientemente establecida, me descubrí a mí mismo preguntándome: *¿Qué sucederá si no puedo ayunar exitosamente?* La verdad era que yo no sabía cómo ayunar.

Ese primer ayuno fue un ayuno Yom Kippur de un día, lo que significaba que estaríamos sin alimentos desde la noche del domingo hasta la noche del lunes. Así como los judíos en el Antiguo Testamento ayunaron en el Día de Expiación o Yom Kippur, desde la puesta del Sol hasta la puesta del Sol. Así nosotros seguimos ese modelo en Lynchburg.

A medida que el día del ayuno se acercaba, me preocupaba que tuviera hambre y comiera. Peor aun, me preocupaba que me enfermara. Más que nada, me preocupaba mi reputación: ¿Qué pensarían las personas si yo fracasaba?

Tengo tres tiernos recuerdos de ese particular ayuno. Primero, no fue ni remotamente tan difícil como temía. Segundo, me sentí cerca de Dios mientras ayunaba. Tercero, cuando la respuesta financiera llegó, me sentí mucho más parte de esa respuesta, porque había aprendido a sacrificar cuando oraba. De modo que si usted tiene miedo de intentar ayunar, lo entiendo. Mi consejo es comenzar poco a poco; un ayuno de un día es perfecto. Debe acostumbrarse poco a poco para alcanzar tiempos para ayunos más largos.

## Salir de un pozo financiero

Cuando me mudé a Lynchburg, todavía poseía una casa en el área más grande de Chicago. Después de varios meses de pagar dos hipotecas –la hipoteca en Lynchburg debía pagarla el primer día del mes, la de Chicago el día quince– le pedí a mi esposa unirse a mí en ayuno para que Dios encontrara un comprador para la casa en Chicago. Ella estuvo de acuerdo y ayunamos el día quince del mes, después de enviar por correo el pago de nuestra casa. Nada sucedió. Me olvidé de ayunar hasta el mes siguiente cuando tuve que enviar por correo otro pago de la casa. Nuevamente, mi esposa y yo ayunamos, y nuevamente, nada sucedió. Continuamos ese proceso de ayuno por seis meses sin resultados visibles.

Entonces un día el corredor de bienes raíces me llamó por teléfono. "Tenemos un probable comprador en el anzuelo", anunció. Pero con nada definitivamente asegurado, mi esposa y yo continuamos nuestros ayunos mensuales. Después de casi un año de ayuno, la casa finalmente se vendió, y fui a Chicago para el cierre. Entonces el comprador me dijo: "Miré por primera vez su casa hace un año en el cumpleaños de mi esposa".

Mientras comparábamos nuestras notas, descubrí que el cumpleaños de su esposa fue al día siguiente de que mi esposa y yo habíamos completado nuestro primer día de ayuno.

De esta experiencia aprendí unas cuantas cosas. Primero, cuando comienzo a ayunar y a orar, no debo abandonar. La respuesta de Dios puede no ser no; puede ser esperar. Por lo tanto continúe orando, y continúe ayunando. Jesús dijo que había algunas situaciones que solamente podían ser manejadas *"con oración y ayuno"* (Mateo 17:21) La palabra *"ayuno"* aquí indica actos continuos, significa ayunar más de una vez. Segundo, algunas veces orar no es suficiente para obtener lo que necesitamos de Dios. Por lo tanto, en situaciones de dificultad podemos necesitar añadir ayunos a nuestra oración. Mi esposa y yo hemos intentando vender una casa en un mercado de bienes raíces donde nada se estaba moviendo. Pero Dios honró nuestra oración y ayuno, y salimos de un pozo financiero. Si usted se enfrenta con problemas financieros, considere la oración y el ayuno como una solución.

## Aprender los nueve ayunos de Isaías

Hace veinticinco años comencé a enseñarle a los líderes de los estudiantes en Liberty cómo ayunar. Preparé una lección de Isaías 58:6-8, la que da nueve resultados prácticos para la persona que ayuna.

> *¿No es más bien el ayuno que yo escogí: desatar las ligaduras de impiedad, soltar las cargas de opresión, y dejar ir libres a los quebrantados, y que rompáis todo yugo? ¿No es que partas tu pan con el hambriento, y a los pobres errantes albergues en casa; que cuando veas al desnudo, lo cubras, y no te escondas de tu hermano? Entonces nacerá tu luz como el alba, y tu salvación se*

*dejará ver pronto; e irá tu justicia delante de ti, y la gloria del Señor será tu retaguardia.*

Cuando les enseñé a los estudiantes, expliqué cómo cada uno de los nueve resultados del ayuno influenciaría en ellos. Mi lección de nueve partes, basada en el precedente pasaje de la Escritura, fue la siguiente:

1. *"Desatar las ligaduras de impiedad"* era el ayuno de los discípulos para romper la adicción y pecados que esclavizan.

2. *"Soltar las cargas de opresión"* era el ayuno de Esdras para resolver problemas.

3. *"Dejar ir libres a los quebrantados"* era el ayuno de Samuel para evangelismo y avivamiento.

4. *"Rompáis todo yugo"* era el ayuno de Elías para sortear obstáculos y agotamiento.

5. *"Que partas tu pan con el hambriento"* era el ayuno de las viudas para suplir necesidades físicas de los pobres.

6. *"Nacerá tu luz como el alba"* era el ayuno de san Pablo para discernir y tomar decisiones.

7. *"Tu salvación se dejará ver pronto"* era el ayuno de Daniel para salud y sanidad.

8. *"Irá tu justicia delante de ti"* era el ayuno de Juan el Bautista para influencia y testimonio.

9. *"La gloria del Señor será tu retaguardia"* era el ayuno de Ester para luchas espirituales y protección contra la maldad.

Introducción

Estos nueve ayunos son explicados con más detalle en mi libro *Liberación espiritual a través del ayuno*. Si bien ese libro trata cómo el ayuno resuelve problemas en una forma general y cómo ganar nuevos conocimientos a través del ayuno, no se refiere al ayuno como medio para resolver problemas financieros. Así como ese libro da un vistazo del ayuno en general, el libro que usted ahora está leyendo considera específicamente cómo el ayuno puede ayudar a resolver problemas de dinero.

Y esa es la razón por la que lo he escrito. He pasado todo mi ministerio trabajando en colegios cristianos en conflictos, y debí emplear una gran cantidad de tiempo tratando de reunir dinero. Después de cincuenta años de ministerio, sé de primera mano que Dios responde las oraciones. Él ha suplido fielmente las necesidades que le llevamos en oración y lo alabo por su misericordia y por su intervención sobrenatural en nuestras luchas financieras una y otra vez. Este ha sido un viaje emocionante, como lo será para usted, cuando aprenda a buscar su provisión a través de la oración y el ayuno.

Disfrute las historias, estudie los principios y aprenda acerca de la liberación financiera a través del ayuno.

*Sinceramente, suyo en Cristo,*
*Elmer L. Towns*

**Capítulo 1**

# Intervención financiera a través del ayuno y la oración

Fui conmovido cuando al levantar el teléfono escuché a alguien decir: "¡Tú, perro sucio!" No muchas personas se saludan por teléfono de esa manera. Aunque no sabía la identidad exacta de quien llamaba, podía decir por la risa que acompañaba su inusual saludo, que era uno de mis amigos. Con una sonrisa, demandé: "¿Quién es? Identifíquese".

"Es tu buen amigo Ron Phillips", respondió. "Estoy en la Convención Bautista del Sur, pero no voy a ir a las sesiones y no estoy en los pasillos hablándoles a mis compañeros pastores. Estoy clavado en la habitación de este hotel leyendo tu libro. No puedo dejarlo." Luego me dijo que Dios estuvo hablándole acerca de guiar a su iglesia en la disciplina espiritual del ayuno.

## La experiencia de ayuno de una iglesia

Hace algún tiempo había enviado a Ron una copia del manuscrito de mi libro sobre el ayuno y le pedí su crítica. Además de decirme que no podía dejar el manuscrito, agregó: "Debes venir a mi iglesia a hablar. Tú perturbaste mi entusiasmo por la convención, por lo tanto ahora tienes que venir a enseñar a mi gente acerca del ayuno".

Acordamos mutuamente una fecha conveniente para la charla y luego me dijo: "Tendré ochocientas personas allí para el seminario de todo el día sábado, porque debemos aprender acerca del ayuno". Esa fue una valiente proclama, dado que su iglesia promediaba los mil doscientos en asistencia, y ochocientos era un gran porcentaje de su congregación, pero él estaba muy seguro de que las personas responderían. Cuando esto terminó, su estimación era poco optimista. Solamente ciento cincuenta y cuatro miembros de la congregación de la Iglesia Bautista Central asistieron al seminario. Más tarde nos preguntamos si los habíamos amedrentado mucho al pedirles que ayunaran ese día por primera vez.

A pesar de la asistencia, menor de la esperada, el seminario salió bien. Enseñé desde las 08:00 hasta las 15:00 y estaba listo para terminar cuando Ron subió rápidamente para pedirle a todo los presentes contribuir para ayunar y orar un día cada mes por un avivamiento en la iglesia. Eligió a una de las mujeres para ser la coordinadora de oración. Un equipo de ciento veintitrés intercesores de oración prometió comenzar ese mismo día a ayunar y a orar por un avivamiento.

Cuando llegué por primera vez a la iglesia, ellos justo habían terminado una conferencia evangelística. Doce personas vinieron al frente para salvación, dedicación y ser miembros de la iglesia, no muchos para una conferencia de tres días. Pero la iglesia no tenía aún mucho poder espiritual.

Un par de meses después la iglesia anunció una campaña evangelística de una semana. Debido a que habían orado y ayunado, se vio el poder de Dios y el avivamiento continuó por una semana más. ¡El ayuno y la oración comunal habían funcionado! Un total de novecientas noventa y ocho personas tomaron decisiones espirituales; la asistencia al culto ascendió a cuatrocientos uno esa semana; la asistencia a la Escuela Dominical se incrementó a doscientos cincuenta y siete. Las ofrendas ese mes fueron US$ 500.000 más de lo que había sido ofrendado el mismo mes del año anterior. ¿Suena increíble? No cuando Dios está involucrado. ¡Y tal vez lo que Dios hizo por ellos, también lo hará por usted!

La iglesia pronto tomó una nueva espiritualidad y prosperidad. Cuando la asistencia alcanzó los tres mil quinientos semanalmente, se enfrentó a varias decisiones. ¿Expandirían el auditorio actual o edificarían uno nuevo? Si edificaban uno nuevo, ¿qué tipo de auditorio construirían y dónde? Para responder esas y otras preguntas importantes, el pastor Phillips llamó a la iglesia a un ayuno de cuarenta días para que todas las personas pudieran orar y volverse parte de la decisión. Pero no les pidió a todos que ayunaran en la misma forma. Sabía que la mayoría de los miembros no podría ayunar completamente los cuarenta días, por lo que les pidió que ayunaran de acuerdo a como ellos sentían que eran capaces de hacerlo. Técnicamente, esto es un ayuno parcial. Sugirió estas opciones como ejemplo de diferentes tipos de ayunos:

- Renunciar a una o dos comidas al día y orar durante esas horas.
- Renunciar a la carne.
- Ayunar cada dos días.
- Renunciar a la televisión y pasar ese tiempo en oración.
- Renunciar a los deportes semanales y pasar ese tiempo en oración.

- Renunciar a los postres, bocadillos y dulces.
- Unirse al personal pastoral en un ayuno de cuarenta días de jugo.

A cada persona se le pidió que ingresara al menos en un ayuno según su nivel de disponibilidad y entendimiento. Todos estuvieron ayunando por la guía de Dios respecto de la expansión y avivamiento de la iglesia. Al final del ayuno, el pastor Phillips dijo: "El resultado más grande de nuestro ayuno de cuarenta días no fueron las respuestas tangibles que estábamos buscando. Nuestro resultado más grande fue el crecimiento espiritual de nuestros miembros. Las personas dieron pasos de fe que nunca habían intentado antes. Confiaron en Dios a un nivel que nosotros nunca habíamos experimentado".

¿Puede pedirle a Dios grandes cosas en la misma forma que las personas de la Iglesia Bautista Central lo hicieron? Si su respuesta es no, puede ser que usted tenga un problema de fe. A menudo las personas tienen problemas en pedirle a Dios por dinero o en confiar en Él para "cosas grandes", porque simplemente no tienen fe.

Cuando los discípulos se enfrentaron con un milagro, no podían entender y Jesús los desafió con esta declaración: *"Tened fe en Dios. Porque de cierto os digo que cualquiera que dijere a este monte: Quítate y échate en el mar, y no dudare en su corazón, sino creyere que será hecho lo que dice, lo que diga le será hecho"* (Marcos 11:22-23). Si tenemos fe podemos decirle a nuestro problema de dinero: *"Quítate"*, y tendremos una respuesta positiva.

## Ingredientes adecuados para resultados deseados

Cuando cocinamos tenemos que usar los ingredientes correctos para producir los resultados deseados. Cuando me encontré con Ruth por primera vez, ella quería preparar una de mis comidas favoritas, cangrejo picante. Nunca había cocinado cangrejo picante –a ella ni siquiera le gustaban los mariscos– por lo tanto no sabía qué delicioso sabía el cangrejo a la cacerola. Ella siguió una receta pero cometió un error, solo uno, pero uno significativo, que arruinó la comida. En lugar de dos cucharadas de mayonesa, agregó ¡dos tazas! La cacerola estaba terriblemente grasienta y no sabía a cangrejo picante. Pero puesto que el verdadero amor siempre encuentra un modo, lo comí.

De la misma manera, Dios puede responder nuestras oraciones debido a que descubrimos *más* de su criterio, pero tal vez no. ¿Por qué asumir el riesgo? ¿No sería mejor seguir exactamente sus instrucciones y estar seguro del resultado? Cuando estamos totalmente –y puramente– listos para cumplir sus condiciones, podemos confiar en que nuestras oraciones serán respondidas. Existen siete ingredientes que creo dan por resultado un ayuno y una oración satisfactorios.

---

### SIETE INGREDIENTES DE LA ORACIÓN Y EL AYUNO

1. Ayunar y orar de acuerdo a la voluntad de Dios.
2. Ayunar y orar de acuerdo a los principios bíblicos.
3. Ayunar y orar con fe, creyendo.
4. Ayunar y orar en compañía de otro creyente.
5. Ayunar y orar continuamente.
6. Ayunar y orar para ser limpios del pecado.
7. Ayunar y orar con un gran numero de personas.

## Ayunar y orar de acuerdo a la voluntad de Dios

Cuando ayunamos y oramos por dinero, deberíamos asegurarnos de estar pidiendo cosas que Dios quiere que tengamos. Cuando yo era niño, mi madre me enviaba al almacén a dos cuadras para traer provisiones para la comida. No necesitaba llevar dinero porque el almacenero tenía una pequeña libreta con el nombre "Towns" escrito en el dorso. Cualquier cosa que compraba, él lo anotaba en esa libreta; luego yo firmaba. Al final de la semana, mi mamá saldaba la cuenta.

Recuerdo que en una ocasión cuando mi mamá me envió por algunos comestibles, le dije al hombre detrás del mostrador: "Además, mi mamá quiere una coca-cola y una barra de chocolate".

El hombre miró achicando sus ojos y preguntó: "¿Estás seguro que tu mamá quiere una coca-cola y una barra de chocolate?"

"Sí, señor" –le dije. Luego, en mi ingenuidad, agregué– "y la quiere abierta."

En la mitad del camino a casa me detuve en un campo baldío detrás de una cartelera a tomar la coca y a comer el chocolate. Obviamente, le había mentido al hombre y le estaba robando a mi mamá. Así como Dios tiene un día para establecer justicia por los que han pecado contra Él sin arrepentimiento, así mi mamá estableció justicia sobre mí cuando llegué a casa. El dueño del almacén había llamado a mi mamá para decirle lo que yo había hecho, y aunque no podría decir que ella me lastimó con sus bofetadas, sentí como si hubiera sido ejecutado.

De modo que ¿cuál es el punto de la historia? Cuando usted ayuna y ora, asegúrese de pedir aquellas cosas que Dios quiere que usted tenga: pida de acuerdo a la voluntad de Dios. La Biblia dice: *"Si pedimos alguna cosa conforme a su voluntad, él nos oye. Y si sabemos que él nos oye, en cualquier cosa que pidamos, sabemos que tenemos las peticiones que le hayamos hecho"* (1 Juan 5:14-15).

> *Si pedimos alguna cosa conforme a su voluntad, él nos oye. Y si sabemos que él nos oye, en cualquier cosa que pidamos, sabemos que tenemos las peticiones que le hayamos hecho.*
>
> (1 JUAN 5:14-15)

¿Cómo conocemos la voluntad de Dios? Descubrimos su voluntad en las Escrituras. Cuando ayunamos por dinero, primero nos metemos en la Palabra y descubrimos qué tiene para decir respecto del tema. Cuando sabemos lo que la Biblia dice sobre determinado tema, conocemos la voluntad de Dios en esa área. Observe las siguientes sugerencias sobre descubrir la voluntad de Dios:

- Siga las advertencias tales como arrepentirse, orar, bautizarse, vivir santamente y alabar a Dios.
- No rompa las leyes obvias de Dios, tales como los Diez Mandamientos. Por ejemplo: no robar, no tomar el nombre de Dios en vano, no cometer adulterio...
- No viole su conciencia.
- Trabaje duro en su vocación.
- Sirva al Señor conforme a los dones o habilidades que Él le ha dado.

Descubrir y hacer la voluntad de Dios es un viaje de toda la vida. Somos ordenados a saber esto: *"Sean entendidos de cuál es la voluntad de Dios"* (Efesios 5:17). Entonces somos ordenados a hacer esto: *"Sean obedientes (...) haciendo la voluntad de Dios de corazón"* (Efesios 6:5-6). Por lo tanto, cuanto más cerca esté nuestra petición de dinero a la voluntad de Dios, más probablemente obtendremos una respuesta favorable. *¿Es el dinero que usted cree que necesita, la voluntad de Dios para usted?*

## Ayunar y orar de acuerdo a los principios bíblicos

Cuando ayunamos debemos apartar tiempo para estudiar y reflexionar sobre la Palabra de Dios. En la sección anterior nos dirigimos a leer la Biblia a fin de descubrir cuál es la voluntad de Dios y saber cómo orar en conformidad a ella. Esta sección trata el método de oración y cómo debemos pedir. Cuando ayunamos deberíamos leer porciones de la Escritura más largas que lo habitual, para aprender cómo orar. Pero más que leer, debemos *estudiar* las Escrituras cuidadosamente para entender lo que Dios ha prometido. Además, cuando ayunamos, queremos memorizar las Escrituras que se convierten en las bases de nuestra súplica:

- Pedimos en el nombre de Jesús (ver Juan 14:13-14).
- Pedimos porque permanecemos en Jesús (ver Juan 15:7).
- Pedimos continuamente (ver 1 Tesalonicenses 5:17).

Dos cosas suceden cuando estudiamos la Palabra de Dios mientras ayunamos. Primero, cuando ayunamos estamos probablemente más controlados por el Espíritu Santo que en cualquier otro momento. Por ende, el Espíritu Santo, que es nuestro maestro (ver Juan 14:26), vendrá a explicar, con el más grande discernimiento espiritual, cómo orar. Pero existe, además, una segunda cosa que sucede cuando oramos: nuestro corazón y todo nuestro sistema digestivo descansan. En vez de que nuestro corazón trabaje duro para bombear sangre al estómago para la digestión, este se relaja y fluye más sangre a nuestro cerebro. Pensamos más claramente durante un ayuno que en un tiempo normal; podemos aprender más naturalmente mientras ayunamos. Por consiguiente, a medida que ayunamos y oramos, aprenderemos lecciones más grandes sobre la oración. Recuerde las palabras de Jesús: *"Si permanecéis en mí, y mis palabras permanecen en vosotros, pedid todo lo que queráis, y os será hecho"* (Juan 15:7).

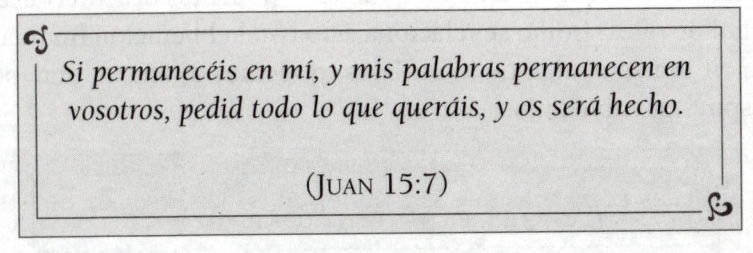

> *Si permanecéis en mí, y mis palabras permanecen en vosotros, pedid todo lo que queráis, y os será hecho.*
>
> (Juan 15:7)

Algunas veces, cuando pido cosas que extienden mi fe más allá de las expectativas normales, leo nuevamente el gran pasaje donde veo a nuestro Dios imponente. Solamente entonces, cuando comienzo a entender el magnífico poder de Dios, puedo pedir en fe una gran liberación financiera.

## Ayunar y orar con fe, creyendo

Cuando los discípulos no podían lograr que sus oraciones fueran respondidas, suplicaban al Señor: *"Auméntanos la fe"* (Lucas 17:5). La respuesta de Jesús indica lo que nosotros debemos hacer cuando pedimos más fe: *"Si tuvierais fe como un grano de mostaza, podríais decir a ese sicómoro: Desarráigate, y plántate en el mar; y os obedecería"* (v. 6). ¿Tiene fe en que Dios puede resolver sus problemas de dinero?

Jesús explicó que la cuestión era tener fe del tamaño de una semilla de mostaza. Esa semilla es una de las partículas más pequeñas que existen, tan pequeña que usted escasamente puede verla a simple vista. Pero Jesús no estaba hablando del tamaño de nuestra fe; estaba hablando de la necesidad de tener fe, como lo opuesto a no tenerla. Él dijo que si tenemos fe –no importa qué pequeña sea– podemos conseguir respuestas de Dios. Por consiguiente, aprendemos dos principios sobre la fe a partir de la ilustración de Jesús.

Primero, no es la *cantidad* de fe la que logra que la obra sea hecha; es la existencia de fe lo que importa. Si tenemos fe –al contrario de aquellos que no la tienen– podemos desenterrar un árbol de raíz. ¿Cómo se relaciona esto con la liberación financiera? Si tenemos *algo* de fe en Dios, podemos ayunar y orar por respuestas monetarias.

---

### Pasajes para edificar su fe

Génesis 1
Éxodo 14:29-31; 16-17; 19-20; 33:1-34:9
Josué 3
Salmos 19, 29, 91, 103, 139
Isaías 6; 37; 40-42
Daniel 4
Juan 6
Hechos 2; 5:1-42
Efesios 1-3
Apocalipsis 1; 4-5; 19-22

## Ayunar y orar en compañía de otro creyente

Existe un principio aquí que necesitamos entender: pequeñas puertas pueden conducir a grandes habitaciones. Hay poder cuando dos o más personas oran juntas. Jesús dijo: *"Si dos de vosotros se pusieren de acuerdo en la tierra acerca de cualquier cosa que pidieren, les será hecho por mi Padre que está en los cielos"* (Mateo 18:19). Observe la condición de orar con alguien más: ambos deben ponerse de acuerdo en oración. Eso significa que cada persona debe estar libre de orgullo y excusas. Estar de acuerdo significa ser honesto el uno con el otro delante de Dios. ¿Sobre qué deberían estar de acuerdo? Acordar que la súplica es la voluntad de Dios. Acordar que ninguno tenga pecados ocultos. Acordar que ambos encontrarán la fórmula bíblica para recibir respuestas a sus oraciones. Acordar que la fe del otro es efectiva. Y acordar seguir pidiendo hasta que la respuesta llegue.

Piense en Pablo y Silas cuando oraban en prisión a medianoche hasta que hubo un terremoto (ver Hechos 16:16-34). Su acuerdo obtuvo una respuesta. ¿Qué de Pedro y Juan cuando entraron al Templo, a la casa de oración (ver Hechos 3:1-10)? Un hombre cojo pedía dinero, pero Pedro y Juan lo sanaron en lugar de darle dinero. Eso fue acuerdo. Y no olvidar a Moisés cuando intercedía sobre un collado mientras miraba desde lo alto la pelea de Josué contra Amalec (ver Éxodo 17:8-16). Mientras Moisés extendía sus manos a Dios, los israelitas ganaban; cuando Moisés se cansaba y bajaba sus brazos, la batalla iba en contra del pueblo de Dios. Dos hombres –Aarón y Hur– se pararon para sostener los brazos de Moisés. Aquellos hombres ayudaron a ganar la batalla. ¿Qué pueden lograr usted y alguien más?

- Acordar que la súplica es la voluntad de Dios.
- Acordar que ninguno tenga pecados ocultos.

- Acordar que ambos encontrarán la formula bíblica para las respuestas.
- Acordar que la fe del otro es efectiva.
- Acordar seguir pidiendo hasta que la respuesta llegue.

Al Henson se graduó de la Universidad Liberty en 1978 y inició una iglesia en Greater Nashville, Tennessee. Cuando la iglesia tenía solo dos meses de antigüedad, Al descubrió un terreno de cuatro mil metros cuadrados, no muy lejos del edificio donde vivía. Mientras pasaba con el auto, vio una casa barata sobre una propiedad, y pensó que el sitio podría ser adquirido. Cuando se contactó por primera vez con el dueño, el hombre se negó a vender la tierra porque planeaba legar la propiedad a su hija. Cuando Al llamó al dueño por segunda vez, recibió otro no, esta vez más enfático que el primero. Pero luego, por guía del Señor, recorrió el límite de la propiedad para pedirle a Dios que le dé a su congregación la tierra. En varias ocasiones regresó para arrodillarse sobre la propiedad y pedirle a Dios que se la dé para la iglesia.

Finalmente, Al ayunó y oró por tres días para que Dios tocara el corazón del dueño. Además, animó a la iglesia a orar con él por la propiedad. Luego visitó al dueño para hablarle de su carga por alcanzar la ciudad de Nashville. Mientras se iba, Al le preguntó al hombre: "¿Orará respecto a vendernos la propiedad?" Antes que el hombre pudiera responder, su esposa dijo: "Veré que él ore por eso".

A la mañana siguiente, mientras Al estaba afeitándose, el hombre lo llamó por teléfono para decirle que no pudo dormir en toda la noche. El dueño dijo: "El Señor me habló como nunca lo había escuchado hablarme antes. Sé que Dios quiere que usted tenga esta propiedad". Luego continuó: "Si usted viene con US$ 29.000, yo le prestaré los otros US$ 71.000 para comprar la propiedad". La propiedad estaba valuada en US$ 175.000. ¡El dueño había acordado dar el resto a la iglesia de Al!

Si Dios respondió las oraciones y el ayuno de Al Henson, también puede resolver sus problemas de dinero.

## Ayunar y orar continuamente

En la introducción conté la historia de cómo mi esposa y yo oramos y ayunamos por un año para vender una casa en Chicago. Algunas veces Dios quiere que pidamos una vez para obtener una respuesta, y por eso solo pedimos con fe una vez, y sabemos que Dios responderá. Otras veces, Dios sabe que llevará tiempo obtener una respuesta, por lo que quiere que continuemos pidiendo. Por fe oramos durante un largo tiempo antes de obtener una respuesta. La Palabra de Dios nos dice que *"También les refirió Jesús una parábola sobre la necesidad de orar siempre, y no desmayar"* (Lucas 18:1). Pablo dijo: *"Orad sin cesar"* (1 Tesalonicenses 5:17). ¿Ha desistido, o está preparado para continuar ayunando y orando hasta obtener una respuesta? Si usted está dispuesto a continuar, permítame animarlo: continúe pidiéndole al Padre, y le será dado. Continúe buscando una respuesta de Dios, y la encontrará. Continúe golpeando la puerta del cielo, y le será abierta (ver Mateo 7:7).

---

### ¿POR QUÉ DIOS QUIERE QUE USTED SIGA PIDIENDO?

- Las respuestas de Dios pueden llevar tiempo.
- Usted necesita aprender a tener paciencia.
- Necesita aprender administración.
- Necesita aprender a cambiar su súplica.
- Las respuestas en el tiempo de Dios, lo glorifican a Él.
- Usted necesita más fe.

Algunos problemas financieros no pueden ser resueltos en una reunión de oración. Podemos tener que orar por muchos cheques y soportar muchos recaudadores de cuentas. Dios puede no resolver nuestros problemas de dinero instantáneamente. Dios puede decirnos que tenemos algo que aprender primero, pero podemos no estar prestando atención, por lo que tenemos que seguir pidiendo. No es que Dios no escucha o que no pueda responder. Puede ser que nosotros no estemos prestando atención. ¿Es posible que usted sea la causa de sus problemas de dinero?

Dios quiere que todos sus hijos sean los mejores administradores de sus finanzas. Dios sabe que algunas veces el milagro más grande no es el suministro milagroso de dinero, sino que es cuando aprendemos la disciplina del dinero. Cambiar la forma en la que algunos pensamos y actuamos respecto del dinero puede ser un milagro más grande que un suministro sobrenatural de dinero. ¿Por qué? Porque algunos somos discípulos de pobre calidad y por consiguiente de tropiezo para la familia de la iglesia. Si Dios envió, milagrosamente, administradores deficientes de US$ 100, ese milagro no lo glorificaría a los ojos de sus acreedores, porque los acreedores los considerarían un riesgo. Tristemente, algunos cristianos no pueden ser confiables para pagar sus cuentas a tiempo. Pero Dios no habla abiertamente de esos riegos cuando ellos piden dinero; Él les dice que esperen. Les dice que esperen, oren y aprendan algunas lecciones. ¿Qué lecciones quiere Dios que aprendan? Él quiere que aprendan cómo e-x-t-e-n-d-e-r su dinero más lejos, cómo sacrificar los placeres de hoy para pagar por los errores de mañana; cómo gastar el dinero hoy enfocado en planes futuros. Entonces un día ellos reestablecerán su crédito y vivirán de sus ingresos. Dios obtendrá la más grande gloria cuando aprendan a manejar su dinero apropiadamente que si Él les enviara US$ 100.000.

El problema es que esas personas están en un pozo oscuro de dinero y quieren ayuda ahora. Pero la línea de fondo no es obtener dinero cuando queremos; es glorificar a Dios. Por lo tanto, continuemos pidiendo, continuemos buscando, continuemos golpeando. Una actitud transformada respecto del dinero glorificará a Dios más que ganar la lotería. Y debemos recordar que existen razones de por qué Dios quiere que sigamos pidiendo. Nuestras respuestas pueden llevar tiempo, pero necesitamos aprender a tener paciencia. Necesitamos aprender a administrar. Tal vez necesitamos cambiar nuestra súplica. Una respuesta inmediata puede glorificarnos a nosotros, no a Dios; lleva tiempo cambiar. Necesitamos más fe.

## Ayunar y orar para ser limpios del pecado

Dios no escuchará y no responderá nuestras súplicas cuando haya barreras de pecado en nuestras vidas. *"Si en mi corazón hubiese yo mirado a la iniquidad, el Señor no me habría escuchado"* (Salmo 66:18). Isaías dijo que el pecado bloquea la audición de Dios: *"He aquí que no se ha acortado la mano del Señor para salvar, ni se ha agravado su oído para oír; pero vuestras iniquidades han hecho división entre vosotros y vuestro Dios, y vuestros pecados han hecho ocultar de vosotros su rostro para no oír"* (59:1-2). Aun el hombre ciego en los días de Jesús se dio cuenta que el pecado impide que las oraciones sean respondidas: *"Sabemos que Dios no oye a los pecadores"* (Juan 9:31).

Tal vez tenemos problemas de dinero a causa del pecado. Podría ser un pecado conocido o incluso uno desconocido. Consideremos primero los pecados conocidos. Si quebramos conscientemente un mandamiento, Dios no responderá. ¿Tenemos un mal temperamento, usamos un lenguaje malo o con conocimiento de causa rebotamos cheques?

Debemos tratar a los pecados conocidos conforme a la fórmula de la Biblia para obtener perdón. Primero, confesémoslo a Dios, lo que es más que decir "Lo siento". La Biblia nos dice: *"Si confesamos nuestros pecados, él es fiel y justo para perdonar nuestros pecados"* (1 Juan 1:9). Confesar no es decir solo lo que pensamos o cómo nos sentimos. Las lágrimas no son suficientes. Cuando nos confesamos a Dios estamos diciendo de nuestro pecado lo mismo que Dios dice de él. Y Dios dice que todo pecado es una abominación.

Después de confesar nuestro pecado a Dios, tratamos con nuestro pecado espiritualmente: nos arrepentimos o nos desviamos del pecado y prometemos nunca más hacerlo. Si nos equivocamos o defraudamos a alguien y necesitamos hacer una restitución, la hacemos. Si necesitamos componer una relación y está dentro de nuestra capacidad hacerlo, la hacemos. Cada vez que tratamos con un pecado pasado, debemos aprender algo más para vivir en el futuro. Nos damos cuenta de lo que se perdió a causa del pecado y, con esperanza, decidimos no hacerlo más. Aprendemos lo que la restauración significa y lo que Dios haría si volvemos a ese pecado.

Quizás nuestro problema no es algo de lo que seamos conscientes. Quizás nuestro problema es un pecado oculto, un pecado que ignoramos, un pecado olvidado. Algunos pecados son como los gérmenes: están ocultos al ojo humano, pero siguen siendo reales y peligrosos.

Un colega de la facultad que estaba vomitando violentamente y tenía mucha fiebre, fue llevado al hospital. El trabajo de laboratorio fue hecho, pero la causa de su problema no fue descubierta. Esto sucedió una segunda y una tercera vez, pero el laboratorio no podía descubrir el origen del problema. Luego toda la familia tenía los mismos síntomas. Luego de examinar la casa, encontraron un juego de tazas de té que había sido comprado en el extranjero. Las tazas de té habían sido pintadas con una pintura al plomo y no selladas apropiadamente en un horno de barro. Como consecuencia de usar las tazas, todos habían sufrido de varios grados de cólico saturnino.

Un pecado no detectado y no confesado puede afectarnos como un cólico saturnino. Podemos repetidamente enfermarnos espiritualmente sin saber la causa. ¿Qué podemos hacer? Podemos buscar pecados ocultos a través del ayuno y la oración hasta que descubramos la causa.

- Aprender lo que perdió por causa del pecado.
- Decidir no hacerlo nuevamente.
- Aprender lo que significa la restauración.
- Aprender lo que Dios haría si volvemos a ese pecado.

Ayunar es un tiempo en el que hacemos más que pedir por dinero. Es un tiempo para reexaminar nuestra relación con Dios. Exploramos nuestros corazones pidiéndole a Dios que nos examine y revele cualquier pecado que no podemos ver. El salmista oró: *"Escudríñame, oh Señor, y pruébame"* (Salmo 26:2). Job oró: *"Péseme Dios en balanza de justicia, y conocerá mi integridad"* (Job 31:6). Dios puede no darnos una respuesta financiera a causa de que no hemos explorado demasiado profundamente, no somos suficientemente serios o no hemos persistido lo suficiente en su presencia.

Si tenemos un problema de pecado y no podemos encontrarlo, ¿cuál es la respuesta? Primero, reconozca que el problema es con usted, no con Dios. Observe la descripción de Dios: Él es *"el Padre de luces, en el cual no hay mudanza, ni sombra de variación"*

(Santiago 1:17). Cuando venimos a la presencia de Dios, no hay sombra detrás de nosotros, ni bajo nuestros pies, ni en nuestro bolsillo. Su luz nos rodea. Si no podemos encontrar nuestro pecado, el problema es nuestro y no estamos en la presencia de Dios.

Cuando ayunamos debemos hallar la presencia de Dios, habitar en ella y relacionarnos con Él. Cuando yo era pequeño, el mejor momento para pedirle a papá una moneda era cuando estaba de buen humor. Cuando estaba peleándose con mamá, yo permanecía fuera de su vista. Pero cuando estaba sentado enfrente de la entrada leyendo el diario, ese era el momento de pedir. ¿Cuándo es el mejor momento para pedirle dinero a nuestro Padre celestial? No cuando el pecado bloquea nuestra relación con Él. Cuando caminamos en relación con Dios es el momento en el que Él comienza a responder nuestras súplicas.

## Ayunar y orar con un gran número de personas

Si hay poder cuando dos creyentes oran en acuerdo, ¿qué sucede cuando cien creyentes oran? ¿Y si oran mil? ¿O un número más grande que mil? Santiago fue arrestado y decapitado por el rey Herodes (ver Hechos 12:1-2). Luego Pedro fue arrestado y la Iglesia pensó que la misma clase de ejecución le esperaba. *"Pero la iglesia hacía sin cesar oración a Dios por él"* (v. 5). Obviamente, Dios escuchó y respondió. Envió un ángel para liberar a Pedro. Cuando Pedro salió de prisión, fue a una casa segura. ¿Cuál? Aquella *"donde muchos estaban reunidos orando"* (v. 12)

---

**Hay valor en la cantidad de oración.**
JOHN ARNOLD, PASTOR DE LA IGLESIA BAUTISTA LIBRARY
PITTSBURG, PENSILVANIA.

## Soluciones para problemas financieros de la iglesia

La Iglesia Luterana San Pedro en Fort Pierce, Florida, tuvo una experiencia con la oración y el ayuno que comenzó en 1992. Antes de eso había tenido problemas financieros. El pastor Ted Rice predicó sobre la administración durante cuatro semanas. Al final del cuarto mensaje, les pidió a las personas que intentaran diezmar –dar el diez por ciento de sus ingresos– durante tres meses. Su parte del convenio era permanecer en el santuario por los próximos tres días para orar y ayunar por cada uno de los que decidieran diezmar. Entonces oró por ellos cada mañana durante los siguientes ochenta y siete días. La entrada de la iglesia fue más que duplicada.

Inmediatamente, una propiedad de la iglesia fue vendida en respuesta al ayuno y la oración. Cuando un número de personas dejó la iglesia dos años más tarde, la iglesia estaba corta de fondos. En la reunión de consejo ese mes, alguien sugirió recortar algunos gastos a fin de pagar todas las cuentas. El pastor Rice dijo que no iban a recortar nada. En cambio, orarían y ayunarían durante veinticuatro horas. El pastor y el consejo de la iglesia se reunieron en el santuario desde el viernes a las 18:00 hasta el sábado a las 18:00 para orar y ayunar en unidad por las necesidades de su congregación.

Como resultado, la iglesia tuvo el mejor ingreso ese julio que jamás hubo tenido, lo suficiente para pasar los meses de verano sin problemas. A la semana siguiente una gran cadena de supermercados les ofreció US$ 1.3 millones de dólares por su propiedad. La iglesia lo rechazó y eventualmente fijo US$ 1.4 millones. Ese precio era una increíble bendición y una oferta generosa para menos de una hectárea y media y un antiguo edificio que necesitaba mucho trabajo de reciclado. Hoy la iglesia posee casi ocho hectáreas cerca de una salida interestatal y planea construir un santuario de dieciocho mil metros cuadrados. Dios es fiel y capaz de hacer lo que promete.

Orar y ayunar por soluciones de dinero es una buena idea. Pero una mejor idea es conseguir a alguien más para orar y ayunar con nosotros. ¿Quiénes pueden orar con nosotros? ¿Por qué no nuestra familia, nuestra clase de la Escuela Dominical o incluso toda nuestra iglesia? Debemos estar en hermandad con un grupo de cristianos para que podamos pedirles apoyo en oración. Si Dios no hace oídos sordos a un santo que derrama su corazón ante Él, ¿cuál será su respuesta cuando muchos clamen a Él a una voz?

## Principios para recordar

- Debemos creer que Dios tiene interés en nuestros problemas y que hará algo por ellos.

- Necesitamos saber que Dios puede darnos una liberación espiritual para nuestras necesidades financieras.

- Seguimos el mismo camino para obtener respuestas de Dios respecto a nuestras necesidades financieras, que el que hacemos para que cualquier oración sea respondida.

- Debemos estar en relación con Dios para recibir de Él respuestas de dinero.

## Capítulo 2

# Ayunar para edificar su fe

En el otoño de 1979 la Universidad de Liberty ayunó y oró por US$ 5 millones para completar siete nuevos dormitorios. Cada dormitorio tenía tres paredes y un techo completo. Pero por dentro eran cajas vacías; las paredes de ladrillos a la vista eran lo único terminado. Liberty había agotado el dinero, por lo que Jerry Falwell nos pidió ayunar y orar por US$ 5 millones. Era más dinero de lo que yo había orado, y eso desafío mi imaginación. No podía orar con integridad, simplemente porque no tenía fe para pedir tal gran suma.

Siguiendo la petición de Jerry, la facultad y los estudiantes salieron de la capilla y se reunieron alrededor de los edificios. Todos nos arrodillamos en pequeños círculos para orar alrededor de la estructura incompleta. No lo sabía entonces, pero una cámara de televisión estaba filmando sobre mi hombro. Al domingo siguiente me vi y me oí a mí mismo orando en televisión: "Señor, sabes que no tengo fe por los US$ 5 millones. Es más de lo que he pedido antes. Como no puedo pedirte dinero, te pido fe para creer en ti para grandes cosas".

¿Se ha sentido alguna vez así? Usted sabía que no tenía fe para pedirle a Dios que hiciera un milagro. No sabía por qué, pero sabía que la fe no estaba allí. Así es como me sentía ese día, y es por eso que oré como lo hice.

En el mismo programa de televisión, además, vi a Jerry pedirle a Dios US$ 5 millones. Él oró: "Señor, necesitamos estos edificios para otros mil estudiantes de la Universidad Liberty. Esos nuevos estudiantes edificarán iglesias y se volverán misioneros. Serán jóvenes campeones que cambiarán el mundo para Cristo. Porque necesitamos el dinero, te pido US$ 5 millones".

Había confianza en la voz de Jerry. Eso resonó en mí y supe que él hablaba en serio. Eso, además, debe haber resonado en Dios, porque en el lapso de pocas semanas los US$ 5 millones aparecieron, y los edificios fueron terminados para el siguiente año escolar.

### ¿Orar por fe o por sentimientos?

Cuando los discípulos se enfrentaron con un problema difícil, Jesús les dijo: *"Tened fe en Dios"* (Marcos 11:22). Con la fe apropiada, los discípulos pudieron remover las barreras para lograr que la obra de Dios se pusiera en marcha. Jesús les dijo: *"Porque de cierto os digo que cualquiera que dijere a este monte, Quítate y échate en el mar, y no dudare en su corazón, sino creyere que será hecho lo que dice, lo que diga le será hecho"* (v. 23). Por consiguiente, cuando necesitamos dinero, debemos aprender a ayunar y a orar por él. Necesitamos fe para decirle a nuestra "montaña de dinero" que se quite y que se eche en el mar. Jesús prometió: *"Por tanto, os digo que todo lo que pidiereis orando, creed que lo recibiréis, y os vendrá"* (v. 24).

Sin embargo, no siempre tendremos lo que le pedimos a Dios solo porque oramos por ello. Es como iniciar nuestra computadora personal. Necesitamos tipear nuestro nombre y nuestra clave, y algunas veces varios otros comandos, solo para poner nuestra computadora en línea. Para mi computadora, tengo que activar mi programa de protección de virus, además de conectarme al sistema de red. Entonces cuando he completado el proceso de encendido dándole a mi computadora todos lo comandos adecuados, se escucha un acorde musical y sé que estoy activo y que puedo operar.

Sucede lo mismo con el ayuno y la oración. No obtendremos respuestas a nuestras oraciones solo porque dejamos de comer y comenzamos a pedir. Debemos pedir en el nombre de Jesús, lo que significa estar en relación con Él. Debemos pedir conforme a la voluntad de Dios y a la Palabra de Dios, no podemos tener uno sin el otro. Debemos confesar todos los pecados conocidos antes de pedir, y no debemos guardar rencor hacia nadie cuando queremos una respuesta a la oración.

Pero el paso más grande de todo es la fe. Debemos pedir con fe. ¿Por qué? *"Sin fe es imposible agradar a Dios, porque es necesario que el que se acerca a Dios crea que le hay, y que es galardonador de los que le buscan"* (Hebreos 11:6). Sin fe no podemos recibir lo que Dios puede darnos; si honestamente creemos, Dios hará lo que ha prometido. ¿Cuánta fe tiene?

¿Qué es la fe? La fe es afirmar lo que Dios dijo en su Palabra. Afirmar significa que debemos querer lo que la Palabra de Dios promete, obedecer lo que la Palabra de Dios ordena, actuar según las condiciones de la Palabra de Dios y saber que las promesas en la Palabra de Dios son reales. ¿Es esa su respuesta a la Palabra de Dios? Si es así, usted vive por fe. Ahora puede comenzar a ayunar y a orar por fe.

Pero no todos los que piensan que tienen fe verdadera tienen la fe del Nuevo Testamento. Cuando estuve liderando un colegio de cristianos diferentes antes de venir a Liberty, el director de música, el director de evangelismo y el administrador, todos vinieron a mí para pedirme permiso para comprar una camioneta para el equipo de viaje de nuestro colegio. Pero el colegio no tenía el dinero, y estábamos en tal profunda deuda que no podíamos pedirle prestado a nadie. Los directores y el administrador sostenían que la camioneta podía transportar un equipo musical a las iglesias, donde ellos podían recibir ofrendas para pagar la camioneta y proveer algo de dinero para la escuela. Yo denegué su petición dos o tres veces hasta que encontraron una buena camioneta usada que un particular vendería y financiaría al colegio.

Cuando los tres líderes vinieron a mi oficina y presentaron el paquete financiero por la camioneta usada, los desafié a arrodillarse alrededor de mi escritorio para pedir la sabiduría de Dios sobre la adquisición. Después de que todos oramos, sentí que ese paso dado era la voluntad de Dios, por lo tanto dije: "Prosigan". ¿Estuve caminando sin fe? En ese momento, lo creí así.

Compramos la camioneta, pero antes de que el cuentakilómetros midiera dos kilómetros, la camioneta se prendió fuego y se quemó. No solamente estábamos sin la camioneta, sino que, además, el colegio tenía que continuar pagando por ella por mucho tiempo antes de que el equipo pudiera traer ofrendas para cubrir esos pagos. Los repuestos, que eran muy costosos, tenían que ser ordenados de Europa, porque la camioneta había sido fabricada en Alemania. Llevó un año para que estuviese funcionando nuevamente, así que pasó un año para que pudiéramos usarla para recaudar dinero para realizar los pagos.

Sentí que había orado con fe y sentí que había hecho la voluntad de Dios, pero las circunstancias parecían indicar lo contrario. Mis sentimientos de fe me engañaron, porque nuestros sentimientos de fe no son lo mismo que la fe. Nuestros sentimientos están basados en nuestros deseos, mientras la fe está basada en la Escritura. La fe es saber –no sentir– que obtendremos la respuesta porque nuestra súplica está basada en la Escritura.

Existen otros que han orado por dinero, pero no lo consiguieron. Quizás existan veces en las que usted pensó que había orado con fe, pero no logró lo que pidió o que las cosas cambiaran en la forma que esperaba, como me sucedió a mí en el caso de la camioneta. No sé por qué usted no obtuvo sus respuestas como las esperaba, pero tal vez sus deseos están confundidos con su fe. La Escritura en Santiago ofrece una explicación posible: *"Pedís y no recibís, porque pedís mal, para gastar en vuestros deleites"* (4:3). Algunas veces no obtenemos lo que pedimos porque lo que pedimos está basado en nuestros deseos y no en la voluntad de Dios. Es por eso que cuando oramos en la voluntad de Dios, basados en la Palabra de Dios, podemos orar con fe.

## Ayunar para aumentar nuestra fe

Tal vez nuestro desafío más grande para la liberación financiera no es obtener más dinero, sino obtener más fe. Como mencioné anteriormente, cuando estábamos orando por US$ 5 millones para completar siete dormitorios en la Universidad Liberty, mi problema no era la falta de dinero, sino mi falta de fe. Necesitaba orar como el padre que trajo a su hijo a Jesús por sanidad: *"Señor, creo; ayuda mi incredulidad"* (Marcos 9:24). Por lo tanto, ¿qué deberíamos hacer si nos declaramos incapaces de orar con fe? Primero, confesemos nuestra incredulidad, como lo hizo Bartimeo. Luego pidamos fe para que podamos orar efectivamente.

Si usted enfrenta un problema de dinero, quizás esto es lo que necesite hacer: pedir fe. Crea en Dios y sepa que Él puede hacer todo.

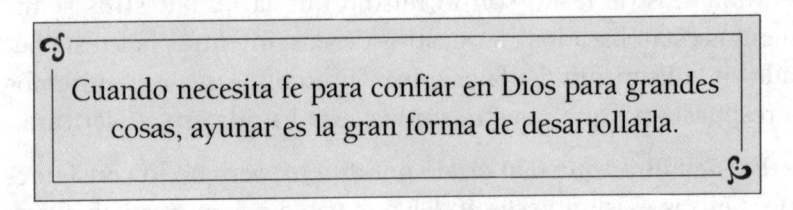

> Cuando necesita fe para confiar en Dios para grandes cosas, ayunar es la gran forma de desarrollarla.

Pero cuando se trata de pedirle dinero –especialmente mucho dinero– usted sabe en su corazón que no recibirá la suma que pide, porque no tiene suficiente fe. Allí es donde el ayuno toma lugar. Cuando necesita fe para confiar en Dios para grandes cosas, ayunar es la gran forma de desarrollarla.

## Ayunar para desarrollar la fe

La fe no es algo que atrapamos, como una enfermedad. No podemos ser infectados con fe por estar expuestos a personas con fe. La fe es más como una habilidad, la que crece a través de la experiencia, la práctica, el compromiso y el sacrificio. Mire la habilidad para correr un maratón. Nadie puede correr más de cuarenta kilómetros solo porque él o ella quieran, así como nadie tiene fe para mover montañas solo porque él o ella sinceramente quieran que se muevan. He visto personas orar por dinero, pero este no apareció solo porque ellos lo querían. Implica más que sinceridad lograr que las oraciones sean respondidas.

Desarrollamos nuestra fe casi de la misma forma que desarrollamos nuestra habilidad para correr un maratón. Es como trabajar nuestros músculos y resistencia. Primero, tenemos que tomar la decisión mental para correr el maratón, darnos cuenta que llevará largas y duras jornadas de práctica. Luego tenemos que cambiar nuestra dieta, tomar vitaminas, dejar los postres y los dulces y sacrificar tiempo para practicar. Tendremos que pasar tiempo corriendo para edificar nuestra resistencia. Como dice el antiguo dicho: sin dolor, no hay ganancia.

Desarrollamos nuestra fe de la misma forma. Comienza con una decisión. Debemos decidir que Jesús está primero, antes que el trabajo, que el entretenimiento o que las relaciones. Edificamos la fe cuando lo ponemos a Dios ante todo.

Debemos disciplinar nuestros hábitos de comida y bebida para ambos, correr un maratón y edificar la fe. Sí, hablo de alimento. Pero también hablo de controlar nuestro apetito emocional. No podemos desarrollar la fe sobre fantasías sexuales, gula, chismes o enaltecimiento de uno mismo.

A continuación hablaremos de la práctica. Así como los corredores de maratón edifican su resistencia lentamente, nuestra fe es fortalecida de la misma manera. No sé de ningún gigante espiritual formado de la noche a la mañana. La gran fe es desarrollada a través de las experiencias diarias del estudio de la Biblia, la comunión, la adoración y la intercesión. Así como debemos aprender a correr un kilómetro antes de poder intentar un maratón, debemos aprender a confiar en Dios para las necesidades diarias antes de que nuestra fe pueda persuadir a Dios para suministrar millones de dólares.

Los corredores deben practicar en todo tipo de clima; de la misma manera, la fe se desarrolla a través de toda clase de experiencias. La desarrollamos cuando superamos exitosamente la muerte de algún ser querido, cuando aprendemos lecciones vitales en la clase de la Escuela Dominical y cuando enseñamos el evangelio a un amigo perdido. Desarrollamos nuestra fe gracias a vivir exitosamente victorias y fracasos. Debido a que nuestra cristiandad debe afectar cada área de nuestras vidas, desarrollamos nuestra fe a través de todo lo que hacemos.

## Aprender qué hacer cuando ayunamos

Si queremos tener más fe, ¿qué es lo primero que debemos hacer para lograrlo? Debemos pedírsela a Dios. Cuando los discípulos se dieron cuenta de sus insuficiencias, oraron al Señor: *"Auméntanos la fe"* (Lucas 17:5). Durante muchos años mis súplicas de oración incluían un ruego por más fe. Oraba diariamente por más fe; incluso ayuné por eso. Pedir más fe es el lugar de partida: *"No tenéis lo que deseáis, porque no pedís"* (Santiago 4:2). Pero debemos orar con sabiduría, saber cómo pedir, cuándo pedir y qué pedir. *"Y si alguno de vosotros tiene falta de sabiduría, pídala a Dios"* (Santiago 1:5).

Algunas veces tendremos fe para hacer ciertas peticiones, pero no para otras. Es quizás que sabemos que ciertas cosas son la voluntad de Dios, por lo que pedimos con confianza: *"Y esta es la confianza que tenemos en Él, que si pedimos alguna cosa conforme a su voluntad, él nos oye"* (1 Juan 5:14). Tal vez no tenemos fe cuando no estamos seguros si la petición es la voluntad de Dios. ¿Será por eso que no tenemos respuestas?

Piense nuevamente en los corredores del maratón. Necesitan una práctica constante para desarrollar una gran resistencia. Necesitamos un compromiso grande para edificar nuestra fe. Mientras pedimos dinero, Dios puede decir: "Espera". ¿Qué hacemos mientras esperamos? Edificamos nuestra fe al orar por ella.

Hay varias cosas que los corredores del maratón pueden hacer para convertirse en ganadores. Pueden aprender los principios de la carrera, leer sobre grandes corredores y estudiar los reportes de carreras pasadas. Así también, hay varias cosas que podemos hacer para desarrollar nuestra fe. Cuando ayunamos, debemos pasar tiempo extra leyendo y estudiando la Palabra. Personalmente trato de leer libros enteros de la Biblia más que solo unos capítulos a la vez, durante un ayuno. Durante un ayuno de cuarenta días, leí el Nuevo Testamento entero. Además, debemos tener tiempo para estudiar, investigar sobre un tema en diccionarios bíblicos, enciclopedias y libros de referencia. Y, por supuesto, no podemos olvidar la lectura devocional de las Escrituras, así como tampoco de leer biografías de hombres y mujeres que vivieron la fe cristiana. Sus ejemplos pueden estimular y fomentar nuestra propia fe.

La fuerza de nuestra fe no viene simplemente de nuestro conocimiento de Dios. Mejor dicho, la fuerza de nuestra fe viene de aplicar nuestro conocimiento bíblico a nuestras vidas sobre fundamentos regulares. Miremos nuevamente la definición de "fe". "Fe" significa afirmar lo que Dios ha dicho en su Palabra. Piense en la palabra "afirmar". Como dije antes, "afirmar" significa que acordamos con la Palabra, que actuamos según la Palabra e implementamos la Palabra en nuestras vidas. Fe es poner la Palabra de Dios en acción. No hemos ejercitado nuestra fe hasta que hayamos aplicado la Palabra de Dios a nuestros problemas. Pero, permítame añadir rápidamente, debemos aplicarla correctamente.

Por consiguiente, si queremos tener más fe, debemos poner más de la Palabra de Dios en nuestras vidas: *"Así que la fe es por el oír, y el oír, por la Palabra de Dios"* (Romanos 10:17). Cuando una mujer una vez me preguntó cómo podía tener más fe, extendí mi Biblia hacia ella y le dije: "Desarrolle su fe a través de este Libro". Luego continué diciéndole que tenía que escuchar la Biblia, leer la Biblia, estudiar la Biblia, memorizar la Biblia y meditar sobre las Escrituras. Cuando la Biblia guía nuestros pensamientos y deseos, entonces nuestra fe puede vencer nuestra debilidad y podemos confiar en que Dios responderá las peticiones que le hemos hecho a través de la oración y el ayuno.

## **Principios para recordar**

- Necesito fe para tener respuestas a mis problemas de dinero.
- Puedo desarrollar mi fe a fin de tener las respuestas más grandes a mis oraciones.
- Puedo desarrollar mi fe pidiendo que esta se incremente y aplicando las verdades de la Biblia a mi vida diaria.

**Capítulo 3**

# Ayunar para aprender sobre la administración

Un padre le compró a su hijo una hamburguesa y algunas papas fritas, pero el nene no comía; solo se sentó y jugaba con la comida. Entonces el padre hizo lo que muchos padres hacen, extendió su mano para agarrar una papa. Solo quería probarla.

"No" –dijo el nene– "son mías", y trató de quitar la mano de su papá. Cuando el padre estaba haciendo algo natural, su hijo estaba reaccionando de la forma que un chico indisciplinado y egoísta reacciona.

El padre pensó para sí: "Mi hijo no se da cuenta que yo compré aquellas papas. No se da cuenta que podría castigarlo y no comprarle nunca más papas fritas. Tampoco se da cuenta que podría demostrar mi amor hacia él y sepultarlo en papas fritas". La reacción del pequeño nene hacia su padre es similar a nuestra reacción hacia nuestro Padre celestial cuando Él nos pide una ofrenda o un diezmo.

> **CUATRO VERDADES SOBRE NUESTRO DINERO**
>
> 1. Nuestro Padre celestial nos ha permitido tener el dinero que poseemos.
> 2. Debemos reconocer que todo lo que poseemos viene de Él.
> 3. Dios podría darnos un poco más o mucho más de lo que tenemos.
> 4. Dios podría quitarnos algo o todo lo que tenemos.

## Todo lo que tenemos es de Dios

Todo nuestro dinero –en verdad, todo lo que tenemos– viene de Dios. Nada es nuestro, aunque la mayoría de nosotros actuamos como si lo fuera. Recuerde, Dios nos da salud, fuerza y oportunidad, y si no fuera por su mano protectora, podríamos perderlo todo. Podríamos incluso perder nuestras propias vidas.

Dios ha permitido que algunos de nosotros seamos ricos –cantidad de papas fritas– mientras otros son extremadamente pobres –solo una o dos papas por día–. La cuestión no es cómo hablarle a Dios para que nos dé más. La cuestión real es cómo glorificaremos a Dios con las papas fritas que ya tenemos.

La Biblia enseña que debemos ser buenos administradores de lo que Dios nos ha dado. En la parábola de los talentos, Jesús habló de tres sirvientes o administradores, y de cómo ellos cuidaron el dinero de su señor (ver Mateo 25:14-30). El señor planeó irse de la casa por un tiempo. Por lo tanto le dio a cada administrador una cuenta bancaria para manejar mientras él estaba fuera. El dinero en cada cuenta tenía que ser usado por los administradores para mantener los negocios del señor. Al primer sirviente le fue dado US$ un millón; al segundo US$ 2 millones y al tercero US$ 5 millones. No era dinero personal de ellos; tenían que usarlo para su señor y mostrar un buen beneficio cuando los libros fuesen auditados.

Después de dos años el señor regresó para examinar los libros. El que había recibido US$ 5 millones lo había usado bien y lo había duplicado. El sirviente con US$ 2 millones ahora tenía US$ 4 millones. Pero el sirviente al que le había sido dado US$ un millón, no tenía nada para mostrar, porque había ocultado su dinero en un pozo en la tierra. Como resultado, su US$ un millón le fue quitado y dado al administrador más efectivo. ¿Qué podemos aprender acerca del dinero de esta parábola?

---

### Cuatro verdades sobre nuestras obligaciones financieras

- No es nuestro dinero sino que es de Dios.
- Se espera de nosotros que manejemos nuestro dinero sabiamente para el Señor.
- Él nos lo quitará si lo administramos mal.
- Él nos compensará por una correcta administración.

## El dinero representa la vida

Aunque nuestra administración implica más que finanzas, sí abarca el manejo del dinero. Recuerde, nuestro dinero en algunas formas representa nuestra vida, pues incluye nuestro tiempo, talentos y cheques. Por poner nuestro tiempo, ganamos dinero; por usar nuestros talentos, ganamos dinero. De esta manera, nuestro dinero representa nuestra vida. La Biblia enseña que debemos manejar todo nuestro tiempo, nuestros talentos y dinero para la gloria de Dios. Cuando le damos nuestro dinero a Dios, le damos nuestra vida. Y cuando damos el diezmo –el diez por ciento de nuestro ingreso– estamos reconociendo que Dios es el dueño de todo nuestro dinero.

Hay veces que tenemos problemas de dinero porque no reconocemos que todo él le pertenece a Dios. Quizás no ponemos primero a Dios con nuestro dinero. Quizás hemos gastado demasiado en deleites o cosas que *pensamos* que necesitamos. Como resultado, tenemos problemas de dinero porque no hemos sido buenos administradores. Compramos las cosas equivocadas –demasiado poco o demasiado mucho– en el momento equivocado. Para convertirnos en mejores administradores de dinero, necesitamos ayunar y orar. Cuando ayunamos y oramos, Dios puede suplir súper naturalmente nuestras necesidades. Además, podemos aprender algunos principios del correcto manejo del dinero mientras estamos ante Él en oración y ayuno.

Algunas veces tenemos problemas de dinero porque no hemos diezmado a Dios. Él entonces aparta su bendición de nuestras vidas, y eso nos lastima. Si el pequeño nene con las papas fritas quita con frecuencia la mano del padre, el padre puede quitarle las papas.

Cuando estudiamos la Palabra de Dios, podemos descubrir que hay razones bíblicas para nuestros problemas de dinero. Quizás administramos nuestro dinero de manera contraria a los estándares de Dios. Si ese es el caso, necesitamos arrepentirnos. Y recuerde, el arrepentimiento requiere un cambio de mente y de corazón. Podemos necesitar cambiar nuestra mente sobre la forma en que gastamos o manejamos el dinero. Y si no cambiamos nuestros pensamientos sobre eso, probablemente tendremos problemas de dinero en el futuro, semejantes a los que tuvimos en el pasado. Considere lo que John Wesley ha dicho sobre la administración en su paráfrasis de Lucas 16:12:

> Ninguna de aquellas cosas temporales son suyas; ustedes son solo administradores de ellas, no propietarios: Dios es el Propietario de todo; Él los deposita en vuestras manos por un tiempo: pero siguen siendo su propiedad. Hombres ricos, entiendan y consideren esto. Si su administrador usa alguna parte de sus bienes –así llamado en el lenguaje de los hombres– más ampliamente o en forma contraria a la que usted ordena, es un estafador: no tiene conciencia ni honor. Así tampoco ustedes tienen el uno o el otro, si usan parte de esos bienes, los que son en verdad de Dios, no vuestros, de otra manera a la que Él ordena.[1]

Tener mucho dinero no lo sacará de los problemas. Incluso ganar la lotería no resolverá nuestros problemas de dinero si no sabemos cómo manejar el dinero que ganamos. Si no podemos administrar una pequeña suma de dinero, pronto estaremos en problemas si obtenemos una ganancia inesperada de dinero. Si somos malos administradores, eventualmente perderemos cualquier dinero que tengamos. Por supuesto, cuanto más dinero tenemos, más tiempo puede llevarnos para terminarlo. La administración es el manejo apropiado del tiempo, los talentos y el dinero para la gloria de Dios.

> La administración es el manejo apropiado del tiempo, el talento y el dinero para la gloria de Dios.

## Debemos aprender la administración bíblica

Un padre terrenal está para encargarse de las necesidades de su hijo, así como el padre estaba encargándose de su hijo comprándole una hamburguesa y algunas papas fritas. De la misma manera, nuestro Padre celestial se encargará de nuestras necesidades. Pero recuerde, son nuestras *necesidades* de las que el Padre ha prometido encargarse, no de nuestros deseos ni de nuestros deleites. Si tenemos una pileta de natación en nuestro jardín –un lujo– entonces agradezcamos a nuestro Padre por ella. Podemos no necesitarla, pero si tenemos una, podemos disfrutarla –sin culpa– para la gloria de Dios. Sin embargo, no estoy seguro de que debamos orar y ayunar por una pileta de natación, una televisión a color o incluso un auto con aire acondicionado. Pero podemos definitivamente ayunar y orar por necesidades.

Por un lado, no estaremos probablemente en problemas de dinero si somos buenos administradores. Pero ser un buen administrador requiere un compromiso día tras día, manejar nuestro dinero diligentemente semana a semana y año tras año. Pero los problemas aparecen en toda nuestra vida: emergencias que no esperamos, tales como enfermedad, despidos, desastres naturales y recesiones. Algunas personas viven en una economía represiva, incluso en una economía anticristiana. Es durante esos tiempos que podemos ayunar y orar por la intervención de Dios.

Pero miremos el otro lado. Supongamos que estamos en problemas a causa de una mala administración. Dios podría darnos un milagro financiero, pero probablemente no lo hará si sabe que volveremos al mismo pozo económico. ¿Cómo lo sabe? Porque no hemos cambiado la forma de manejar el dinero. Necesitamos aprender cómo usar apropiadamente nuestro dinero; necesitamos aprender los principios de administración bíblica. Podemos aprender ese tipo de administración si vivimos de acuerdo a cuatro principios fundamentales del ayuno.

## Ayunar por control de uno mismo

Mientras ayunamos, aprendemos a controlar nuestro apetito físico. Además, podemos hacer del ayuno una oportunidad para aprender cómo controlar nuestras finanzas. Lo bueno de ayunar es que obtenemos la ayuda de Dios para disciplinar nuestros deseos corporales. Podemos entonces poner nuestra continencia a trabajar para disciplinar nuestro apetito financiero. Aquí hay algunos puntos de oración a considerar mientras ayunamos para ganar control sobre nosotros mismos:

- Oramos por discernimiento de por qué no podemos controlar nuestro dinero.
- Oramos por sabiduría para entender los principios de control de nuestro dinero.
- Oramos por fuerza para manejar nuestro dinero, continuamente.
- Oramos por sabiduría para compras mientras rompemos nuestras tarjetas de crédito.

Tal vez necesitamos practicar el ayuno muchas veces para tener nuestra chequera en orden y puede llevar tiempo tener nuestro pensamiento en orden. Es necesario que planeemos el ayuno repetidamente. En vez de ayunar siete días por un milagro de dinero, podríamos considerar ayunar una vez a la semana durante siete semanas. A medida que ejercitamos limitar la comida, aprenderemos algo sobre el control financiero. Pero los viejos hábitos –hábitos de gastar– difícilmente mueren. Podemos necesitar ayunar un día a la semana durante un año entero, eso está bien, ¡cincuenta y dos veces! De esa forma recordaremos, una vez a la semana, que debemos controlar nuestro dinero, así como una vez a la semana, pagar cuentas.

Existe otra manera de ayudar a aprender el control financiero: romper nuestras tarjetas de crédito. Nos ponemos a nosotros mismos en un presupuesto de solo efectivo. En otras palabras, si no tenemos el dinero con nosotros, entonces no compramos nada. Podríamos tener que aprender a obrar sin deleites y tal vez con algunas necesidades. Cuando consideramos cómo es vivir en algún país del tercer mundo, obtenemos un nuevo entendimiento de cuáles son realmente las necesidades. A medida que ayunamos, oramos y nos disciplinamos para manejarnos sin tarjetas de crédito, ganaremos un nuevo nivel de control propio.

## Ayunar por discernimiento respecto del dinero

Cuando ayunamos tenemos discernimientos espirituales que nunca hemos tenido antes. Mientras permanecemos en la presencia de Dios, el Espíritu Santo es capaz de hablarnos: *"Más el Consolador, el Espíritu Santo, a quien el Padre enviará en mi nombre, él os enseñará todas las cosas"* (Juan 14:26). Necesitamos orar específicamente por sabiduría económica.

## Ayunar por análisis

Mientras oramos y ayunamos, necesitamos preguntarle a Dios por qué estamos en problemas financieros. Antes de que podamos reparar el motor de un auto ahogado, tenemos que conocer la causa del problema. Como dice un viejo dicho: "Un problema bien definido, es un problema medio resuelto". Es útil listar todas las razones que contribuyen a nuestras dificultades financieras. Luego podemos clasificarlas en orden de gravedad. Además, podemos pedirle a Dios que nos ayude a entendernos a nosotros mismos: *"Y si alguno de vosotros tiene falta de sabiduría, pídala a Dios"* (Santiago 1:5). Una vez que tenemos una lista de cosas que causan nuestros problemas de dinero, podemos orar diariamente por cada ítem. Además, podemos estudiar las Escrituras y descubrir lo que Dios dice sobre nuestros problemas específicos de dinero. Asimismo, hay muchos libros buenos que tratan sobre la administración bíblica (vea los libros recomendados al final de este libro). A medida que nos servimos de todos esos recursos nos encauzamos en nuestro camino a través de los problemas.

## Escribir durante el ayuno

Uno de los mejores escritos que he hecho fue durante un ayuno de cuarenta días. Le sugiero que en los días que ayune por sus problemas de dinero, también comience a escribir lo que aprende sobre el manejo de dinero. Cree una página especial sobre este tema y regrese y agregue principios adicionales a medida que los descubra.

## Vivir conforme a los principios bíblicos de la administración de dinero

La siguiente es una lista de verdades básicas de administración de dinero. A medida que las lee, considere cuidadosamente cada una y pídale a Dios que transforme su pensamiento sobre el dinero, de modo que tenga el punto de vista de Él, y no el suyo.

- La administración bíblica del dinero no trata de obtener más dinero de Dios para gastarlo, sino de administrar el dinero que ya tenemos.
- La administración bíblica del dinero consiste en poner a Dios en primer lugar, a las necesidades en segundo lugar y por último a los placeres.
- La administración bíblica del dinero reconoce que el dinero representa la vida; no es solo el poder de gastar.
- La administración bíblica del dinero consiste en vivir y gastar el dinero conforme a los principios específicos.
- La administración bíblica del dinero conduce hacia una victoria espiritual y financiera.
- La administración bíblica del dinero implica vivir a través del uso apropiado de nuestro dinero, no de la acumulación de riquezas.
- La administración bíblica del dinero nos enseña que no podremos prosperar en el futuro si gastamos tontamente al dinero hoy, y si ignoramos las lecciones de ayer.
- La administración bíblica del dinero nos enseña que Dios cuidará de nosotros cuando estemos relacionados apropiadamente con Él y cuando le demos lo que le corresponde.
- La administración bíblica del dinero nos enseña a

encontrar nuestra felicidad, satisfacción y contentamiento en Dios, no en las cosas que compramos.

- La administración bíblica del dinero nos enseña que las pequeñas victorias en cuestiones de dinero pueden conducirnos a una vida próspera.

## Comprender el valor de la oración y del ayuno de a dos

Cuando realmente queremos que Dios responda nuestras oraciones, necesitamos que alguien ayune y ore con nosotros. Jesús mostró la efectividad de ese tipo de oración: *"Si dos de vosotros se pusieren de acuerdo en la tierra acerca de cualquiera cosa que pidieren, les será hecho por mi Padre que está en los cielos"* (Mateo 18:19). Si nuestras finanzas familiares están en problemas, tal vez necesitamos ayunar y orar con nuestra esposa o esposo. Si es un problema personal, podemos pedirle a un amigo que ore con nosotros sobre nuestro problema económico, y orar específicamente por nosotros para que aprendamos los principios bíblicos de la administración del dinero.

Mi esposa Ruth es la más efectiva compañera de oración que tengo. Una tarde en 1953, teníamos un guisado de atún para cenar; no era mi plato favorito, pero era barato. En ese momento, una lata de atún costaba unos veinticinco centavos y los fideos estaban unos centavos el paquete. Nuestra alacena estaba vacía.

Ruth y yo inclinamos nuestros rostros para agradecer a Dios por nuestro pan de cada día. Enfrente de nosotros había unas pocas rebanadas de pan, té helado y una ensalada, una comida simple. Dios siempre había cuidado de nosotros, y teníamos suficiente pan para ese día. Pero no teníamos nada para mañana, y faltaban tres días para el próximo día de pago.

En ese momento yo estaba estudiando el último año para el ministerio. Conducía un micro escolar por US$ 1 la hora. No era el mejor de los trabajos, pero era todo lo que podía conseguir para acomodar mis horarios. Entre estudiar para las clases y trabajar en una iglesia, no hay demasiado tiempo para hacer dinero. Llevaba a casa US$ 20 por semana. En 1953, sentí que mi esposa no debía trabajar, por lo tanto Ruth fue una estudiante de tiempo completo.

"Gracias por esta comida", oré sobre el guiso de atún. Verdaderamente estaba agradecido por ese día; y sabía que Dios cuidaría el mañana, aunque debo admitir, no sabía cómo. Vacilante pero sencillamente le dije a Dios: "Tú conoces nuestras necesidades. No tenemos nada de dinero".

No necesitamos hacer oraciones largas para que Dios responda. Él puede oír y responder el más corto clamor por ayuda.

"Danos hoy nuestro pan de cada día...".

Tan pronto como había dicho "amén" vimos un camión de lavandería llegar a nuestro garaje. Supimos inmediatamente quién era porque nuestro lavandero no era solamente un vecino sino que, además, servía como administrador y recolectaba la renta para el dueño de nuestra casa.

Ruth salió a la puerta: "No tengo nada para limpiar en seco hoy", le dijo. Y sonriendo, agregó: "Y si le damos ropa sucia, no podríamos pagarle la limpieza".

"Oh, no" –respondió–. " No vine a recoger ropa." Entonces explicó que había venido por nuestra renta la noche anterior. "Vine a traerles dinero" –dijo–. "Cuando estaba revisando las cuentas, me di cuenta que nunca les pagué por el trabajo de derretir las tuberías."

Hubo una fuerte helada justo antes de que nos mudáramos a

nuestra casa de Minnesota. La temperatura había descendido a unos 20º centígrados bajo cero, y las tuberías del baño se habían congelado. Pedí prestado un soplete a la compañía de micros escolares para derretirlas.

Buscó en sus bolsillos, sacó US$ 20 y se los extendió a Ruth. "Debería habérselos pagado hace tres meses", dijo.

Pusimos el dinero al lado del guisado de atún y oramos nuevamente: "Gracias por nuestro pan de cada día".

Dios nos proveyó milagrosamente, pero lo hizo usando un trabajo que yo había hecho antes, un trabajo que requirió que yo trabaje todo el día para derretir aquellas tuberías. Los tiempos de Dios son siempre perfectos. Tres meses antes había hecho lo que tenía que hacer cuando necesitábamos agua. Hoy, en nuestra hora de necesidad, Dios le recordó al lavandero sobre los US$ 20 que nos adeudaba.

---

### Qué hará por usted un ayuno y una oración de a dos

- Hará que establezca metas de oración reales.
- Hará que sea exteriormente responsable.
- Lo animará a no desistir.
- Hará que sea más honesto en la oración.

---

Cuando nos acongojamos en oración con un compañero y luego obtenemos una respuesta, tenemos a alguien con quien regocijarnos. ¿No estaría la vida vacía si escalamos una montaña que pensamos no podríamos escalar, solo para llegar a la cima y descubrir que no hay nadie para celebrar con nosotros?

## **Principios para recordar**

- Todo nuestro dinero viene de Dios.
- Dios espera que administremos nuestro dinero para su propósito.
- Dios quitará nuestro dinero si lo administramos mal.
- Dios nos recompensará cuando administremos apropiadamente nuestro dinero.
- La razón por la que no tenemos abundancia de dinero puede ser porque Dios desconfía de nosotros.
- Cuando tomamos control de nuestro apetito físico, podemos aprender a tomar control de nuestro apetito financiero.
- Ayunar y orar son oportunidades para aprender a manejar nuestro tiempo, nuestros talentos y dinero para la gloria de Dios.

**Nota**

1. John Wesley, "Notas de John Wesley sobre la Biblia", *Biblioteca Etéreo Clásica Cristiana*, 1 de octubre de 1997. http://biblestudy.chuches.net/CCEL/INDEX.HTM (accedido el 11 de febrero de 2002).

**Capítulo 4**

# Por qué tenemos problemas de dinero

John y Sue están tres meses atrasados en el pago de un automóvil. Tendrán que devolverlo si no consiguen dinero pronto. Si eso sucede, él tendrá que ir a trabajar en el auto de ella. ¿Dios oirá y responderá si ellos ayunan y oran por los pagos del auto?

Frank perdió su trabajo hace un año; su fondo de desempleo se terminó y ahora con lo que tiene no alcanza a cubrir sus necesidades. Se para en la parada del cuarto carril con una cartel que dice: "Trabajaré por comida". ¿Dios oirá y honrará sus oraciones por un trabajo?

Una mamá soltera no puede cubrir el pago de su renta, pero fuma tres paquetes de cigarrillos al día y vive de bocadillos del almacén. ¿La oración y el ayuno harán una diferencia?

Casi todos nosotros, en algún punto u otro, hemos llegado a fin de mes con más deudas que dinero en nuestra cuenta bancaria. Eso es verdad no solamente para particulares sino también para organizaciones religiosas. Algunas iglesias quieren construir un gimnasio u otro edificio, pero no tienen el dinero. Algunos misioneros que visitan nuestras iglesias necesitan dinero para un vehículo, un hospital o para sus necesidades personales. Casi todo trabajo de Dios necesita consolidarse por una u otra razón.

No existen respuestas fáciles a esos problemas. Puede requerir un manejo entrenado de dinero para ayudar a esas personas a descubrir si están malgastando el dinero de alguna manera, y enseñarles cómo vivir dentro de un presupuesto. Puede requerir una respuesta sobrenatural a la oración de ayudar a los demás. En cualquier caso, las personas –quizás usted– necesitan determinar las razones de los problemas de dinero.

## Actitudes erróneas sobre el dinero

A algunas personas el dinero les quema en el bolsillo, lo gastan tan pronto como lo obtienen. Tal vez no tenían mucho dinero cuando eran jóvenes, por eso ahora reaccionan por su escasa educación y gastan innecesariamente. Están exteriorizando un anhelo subconsciente de gastar dinero.

Otros tienen el problema opuesto. Siempre tuvieron dinero cuando fueron chicos, y sus padres les compraban todo lo que querían. Gastar no solo es un mal hábito para ellos; además, se ha convertido en una forma destructiva de vida. Algunas personas tienen que aprender a romper sus hábitos de gasto si van a tener el control de sus chequeras. Y aunque esto no es fácil, puede ser hecho. Filipenses 4:13 nos dice: *"Todo lo puedo en Cristo que me fortalece"*.

Otros aparentan tener problemas de dinero, pero no se trata verdaderamente de dinero; más bien, es un problema de disciplina. Tienen problemas porque no saben cómo usar sabiamente el dinero que ya tienen.

## Deseos indisciplinados

Algunas personas compran demasiado porque han confundido necesidades con deseos. Se han convencido a sí mismos de que necesitan las cosas que ven publicitadas en la televisión o en los diarios. Piensan que deben tener lo que otros tienen. Como resultado, están endeudados. Esas personas no necesitan ayunar por un suministro milagroso de dinero. Necesitan ayunar por razones relacionadas a la negación de sí mismos. Cuando ayunamos, estamos sin comida. Si podemos aprender a estar sin comida, podemos aprender a estar sin otras cosas que pueden o no ser necesarias. Ayunar es el comienzo para aprender cómo estar sin cosas por causa de Dios.

> Cuando aprendemos a controlar nuestro apetito a través del ayuno, aprendemos a controlar otras áreas de nuestras vidas.

Tal vez nuestros problemas de dinero no tienen nada que ver con nuestra niñez, sea que hayamos tenido mucho o poco. Podemos tener problemas de dinero porque tan solo no podemos determinar la diferencia entre lo que queremos y lo que es absolutamente necesario. En otras palabras, somos incapaces de distinguir entre las necesidades y los deseos. Ayunar puede hacer una diferencia. Dios puede enseñarnos la diferencia entre necesidades y deseos. Ayunar puede, además, enseñarnos sobre la vida y cómo vivir como una persona disciplinada o una indisciplinada. Ore y pídale a Dios que le enseñe cómo vivir una vida disciplinada.

## Falta de planes a largo plazo

Algunos viven de cheque en cheque. No tienen ningún seguro de vida o fondo de retiro; no existen en su vida cosas como metas a largo o corto plazo. Simplemente gastan tanto como ganan. Recuerdo un hombre de familia en mi iglesia diciéndome que cuando cobró su cheque el viernes a la noche, fue a los bares a pasar un buen momento. El sábado él y su familia caminaron por el *shopping* comprando lo que querían. Seguidamente compraron mercadería, pagaron un par de cuentas y llevaron a la familia a una gran comida. Luego comieron pan con manteca por el resto de la semana, y comenzaban el ciclo nuevamente el viernes siguiente. Cuando se convirtió, me dijo que no tenía dinero para diezmar. Sin embargo, después que enseñé sobre la administración, se dio cuenta que el diezmo de Dios viene primero. Poner a Dios en primer lugar lo forzó a priorizar sus finanzas. Después de algún tiempo, sus ropas mejoraron y compró una mejor casa. Es un principio que llamo Redención y Ascensión. Cuando las personas son salvas, cada área de sus vidas mejora. No malgastan el dinero en entretenimientos de la carne o en cosas triviales. Con una percepción eterna, disciplinan sus gastos, como un discípulo de Cristo debería hacerlo. ¿Podría ser esto algo que Dios lo está llamando a hacer?

## El pecado en nuestras vidas

Algunos cristianos tienen problemas de dinero a causa del pecado. Pueden mantener un hábito o una adicción cara.

Otros pueden gastar dinero en algún pecado oculto, tal vez incluso un romance ilícito. Cuando tenemos problemas de dinero provocado por el pecado, debemos comenzar nuestro ayuno con arrepentimiento. Sin embargo, si no somos conscientes de algún pecado en nuestras vidas, entonces debemos ayunar a fin de buscar en nuestro corazón algún pecado que hayamos cometido por ignorancia: *"Exammame, oh Dios (...) pruébame y conoce mis pensamientos (...) y guíame por el camino eterno"* (Salmo 139:23-24).

## Fracasar al pedir la ayuda de Dios

Algunas personas tienen problemas de dinero porque han seguido su propio camino desordenado sin consultar la Palabra de Dios respecto a las cuestiones financieras. Y otros nunca han buscado a Dios en oración para pedir su ayuda con sus dificultades financieras. *"No tenéis lo que deseáis, porque no pedís"*, nos dice Santiago 4:2. Por lo tanto debemos ubicar a nuestros problemas financieros en la cima de nuestra lista de oraciones, y luego deberíamos comenzar a ayunar y a orar por ellos.

## Codicia

Algunas personas tienen problemas de dinero porque no tienen la sabiduría, la inteligencia, el entrenamiento y la educación para tomar buenas decisiones financieras. Otros, sin embargo, son simplemente indisciplinados u holgazanes. ¿Y qué de los que codician el dinero? Algunas personas tienen un problema de codicia; esa es una cuestión totalmente diferente. La codicia es una adicción, y romper esa adicción requiere un ayuno especial: el ayuno de los apóstoles: *"La raíz de todos los males es el amor al dinero"* (1 Timoteo 6:10).

> ### AYUNO DE LOS APÓSTOLES
>
> 1. Ayunar y orar para renunciar a toda implicación anterior con prácticas satánicas o religiones falsas.
> 2. Ayunar y orar para reconocer el engaño hacia uno mismo.
> 3. Ayunar y orar para perdonar a los demás a fin de ser libres del rencor.
> 4. Ayunar y orar por la ayuda de Dios para aprender sumisión bíblica.
> 5. Ayunar y orar para lograr la ayuda de Dios para vencer el orgullo.
> 6. Ayunar y orar para tomar responsabilidad por los pecados en su vida.
> 7. Ayunar y orar para renunciar a toda influencia pecaminosa de la familia y los amigos.[2]

## Mala administración

La falta de dinero no es la razón por la que la mayoría de las personas están endeudadas. No es que no tienen dinero; es que no saben cómo administrar el dinero que tienen. Muy pocas personas tienen más dinero de lo que pueden gastar. Pues bien, ¿qué estoy diciendo? Repentinamente tener más dinero no resolverá nuestros problemas de dinero. Estaremos aliviados y tal vez salgamos de las deudas, pero pronto estaremos nuevamente endeudados porque no resolvimos el problema que nos endeudó en primer lugar.

Steve Forbes asistió a mi iglesia en 1996 cuando estaba postulándose para presidente de los Estados Unidos. Asistió a un almuerzo especial, y me pidieron que cuente algunas historias sobre mi niñez pobre. Steve luego comparó mi niñez con la suya. Yo era extremadamente pobre, y él era extremadamente rico, pero ambos teníamos que trabajar por el dinero que gastábamos. Ambos valorábamos el dinero porque trabajábamos por él.

Aunque Steve Forbes se adueñó de la revista *Forbes*, la que costaba por encima de US$ 400 millones, tenía a sus hijas trabajando en un McDonald para que aprendieran el valor del dinero. Obviamente, tenía suficiente dinero como para comprar varios restaurantes McDonald y darle a sus hijas todo lo que ellas querían. En lugar de eso, prefirió enseñar a sus hijas un sabio camino. Tal vez aprender el valor del dinero es el camino que usted necesita tomar.

¿Se ha preguntado por qué Dios permite que algunas personas hagan millones, pero otros no? Algunos cristianos son millonarios, mientras que otros parecen vivir quebrados. ¿Por qué es eso? Quizás Dios mantiene a algunos creyentes con una corta correa financiera porque no puede confiar en ellos. Si tuvieran más dinero, estarían esquiando todos los fines de semana o de vacaciones en algún lugar exquisito, en vez de asistir y servir en una iglesia. Tal vez estarían en una playa en el Caribe y no prestaran atención a Dios. Podrían nunca estar en una iglesia, enseñar en la Escuela Dominical ni llorar por los perdidos. Quizás la única forma en que Dios puede mantener a algunos cristianos cerca de Él es manteniéndolos pobres.

### Sin culpa

Algunos tienen problemas financieros sin que la culpa sea de ellos. Pueden vivir en una depresión cuando hay disponible solo trabajos de baja paga, o incluso cuando no hay trabajos. Otros viven en un sector de este país o del extranjero donde hay pocos trabajos, incluso en épocas prósperas. Hay poca comida y pocas, por no decir ningunas opciones. Quieren trabajos y están dispuestos a trabajar duro, pero están encerrados en la pobreza a causa de circunstancias que van más allá de su control. Según nuestra capacidad, deberíamos ofrecer asistencia y ánimo a tales personas.

## El voto de pobreza

Históricamente, muchos miembros del clero han hecho un voto de pobreza, lo que significa que no acumularán riqueza ni posesiones. Hay algunos grupos religiosos que todavía siguen ese ejemplo. Dependen de su iglesia para suplir sus necesidades básicas. Sin embargo, la mayoría de los siervos cristianos recibe un salario o sueldo. Y algunos tienen modestas posesiones y un fondo de retiro. Pero reciben salarios marginales y siempre tendrán problemas de dinero. Confían en que Dios suplirá sus necesidades.

### Principios para recordar

- Los problemas financieros pueden ser el reflejo de una falta de crecimiento espiritual debido a la desobediencia a Dios.

- Ayunar puede darnos discernimiento en cuestiones espirituales y financieras para los problemas de dinero.

- Aprender a ser disciplinados en nuestras finanzas puede guiarnos a convertirnos en un discípulo consagrado a Jesucristo.
- El ayuno continuo puede ser necesario para tratar con la codicia.

**Nota**

2. Neil Anderson, *El Destructor de la Esclavitud* (Eugene, OR: Casa de Cosecha, 1990), n.p; y *Libre de la Adicción* (Ventura, CA: Libros Reales, 1996), pp. 297-334.

**Capítulo 5**

# Provisión de Dios para obreros e instituciones cristianas

Muchos creyentes están en apuros financieros y no es su culpa. Han seguido la guía de Dios para sus vidas, y aun así terminan necesitando dinero. Esto incluye a obreros cristianos tales como fundadores de iglesias, misioneros y evangelistas. Todos hemos oído las peticiones, en radio y televisión, de apoyo financiero para varios ministros. Esas peticiones han venido también en forma de carta. Hemos visto peticiones de caridades seculares tales como de la Cruz Roja y la Senda Unida. Si bien no invertimos normalmente una gran suma de tiempo o de energía orando por organizaciones seculares, ¿cuál debería ser nuestra respuesta a las peticiones de individuos e instituciones cristianas?

## Experimentar la provisión de Dios de primera mano

Sabía, más allá de una sombra de duda en 1950, que Dios quería que yo fuera al Instituto Bíblico Columbia (IBC), pero mis padres no podían darse el lujo de ayudarme a pagarlo. Yo tenía ahorrado US$ 225. Casi suficiente para pagar los US$ 365 que necesitaba para mi primer semestre de habitación, comida e instrucción. Sabiendo que Dios me había llamado a hacerlo, me inscribí en el instituto, preguntándome cuánto tiempo sería capaz de permanecer allí. Lavaba los platos en la "batea de platos" por veinte centavos la hora y lavaba lámparas en un negocio de lámparas por cincuenta centavos la hora. Calculé que si destinaba todo lo que hacía con ambos trabajos a la cuenta de la escuela y no gastaba un centavo en nada, podría terminar el primer semestre. Nunca me compré una gaseosa o me corté el cabello –hasta que el decano me dijo que lo mantuviera corto– ni lavé mis ropas en un lavarropas. Usaba la pileta de mi habitación.

Al mismo tiempo, golpeaba las ventanas del cielo diariamente, pidiendo dinero para poder terminar el Instituto Bíblico. Sabía que Dios me quería en el ministerio, y sabía que Dios me quería en ese instituto en particular; por eso constantemente le recordaba que necesitaba un milagro.

Ese milagro vino, pero no en la forma de un gran cheque; en cambio, hubo muchos cheques de US$ 5 y de US$ 10. Cuando llegué por primera vez al Instituto Bíblico, le había escrito a todos mis tíos y tías diciéndoles que Dios me había llamado al ministerio. Incluía el evangelio en cada carta y les pedía que recibieran a Cristo como su Salvador. No recuerdo a ninguno ser salvo, pero la mayoría de ellos respondió como mi tío Herman, quien le dijo a su esposa: "Enviemos a Elmer US$ 10. Él va a ser un predicador". Mi mamá venía de una familia de once hermanos y mi papá de una familia de nueve. Como resultado, recibí muchos cheques para terminar de pagar mi primer semestre, y luego comencé a guardar los cheques extras para el segundo semestre.

Además, la clase de la Escuela Dominical Junior de la Iglesia Presbiteriana Bonna Belle en las afueras de Savannah, Georgia, me tomó como su proyecto misionero. Ellos salían a los arroyos salados alrededor de sus casas para agarrar cangrejos y vaporizarlos en una gran tina en el patio. Luego iban puerta por puerta, vendiendo cangrejos cocidos por unos centavos la pieza diciendo: "Compre un cangrejo y ayúdenos a poner un predicador en el instituto".

Cuando obtuve un cheque de US$ 25 de esos pequeños, me encerré en mi dormitorio y extendí la carta y el cheque sobre la cama con gratuidad a Dios por su provisión. ¡No me diga que Dios no responde oraciones de dinero! Lloré, aseguré a Dios que estudiaría y trabajaría duro y que haría cualquier sacrificio que fuese necesario. "No desistiré", prometí.

Al final del primer año, me marché de IBC llevándome todo lo que poseía en una maleta de cartón, convencido de que Dios podía responder las oraciones en maneras poderosas. Había experimentado personalmente la verdad del Salmo 23:1: *"Jehová es mi pastor, nada me faltará".*

Ese verano trabajé en un astillero donde los buques de la marina eran construidos. Ganaba US$ 1 la hora y ahorré todo lo que pude para el segundo año del instituto. Continué golpeando la ventana del cielo pidiendo dinero para completar mi educación. Creo que un ángel escuchó mis persistentes golpes y le pidió al Señor que haga algo. ¡Él lo hizo! Dios tocó a Al Aldridge, un hombre de negocios que daba las clases bíblicas de los hombres en la Iglesia Presbiteriana Independiente en Savannah, Georgia, y le habló a su corazón. Por consejo de Al, los hombres daban, semanalmente una ofrenda para pagar el resto de mi paso por el Instituto Bíblico Columbia.

Cuando estamos fielmente haciendo la obra de Dios y no podemos cuidar nuestras propias necesidades financieras, Él cuidará de nosotros. Pero tenemos que cumplir sus requisitos. Dios no desperdicia concesiones en perezosos o chicos rebeldes.

Muchos misioneros extranjeros han elegido un ministerio donde nunca tendrán mucho dinero. Viven de salarios escasos y sirven en culturas extranjeras, sin lujos. La mayoría tiene dinero suficiente solo para cubrir sus necesidades. Aun si trabajan más duro, el dinero extra no viene; más horas no significan ingresos extras. Cuando los misioneros necesitan dinero para un nuevo ministerio, deben pedir una intervención divina. Cuando necesitan una torre radial o un avión para reemplazar al que se estrelló, deben golpear la ventana del cielo por un milagro. Cuando tienen una emergencia médica ¿qué pueden hacer? Claman a Dios por un milagro financiero. Cuando los misioneros necesitan dinero, están más cerca de la perfecta voluntad de Dios, y más dispuesto está Dios a suplir milagrosamente sus necesidades.

---

### El modesto manifiesto

1. Honestidad al informar acerca de los resultados.
2. Integridad financiera.
3. Pureza sexual.
4. Unidad en el Cuerpo de Cristo.

## Aprender el modesto manifiesto: ¿por qué Dios usó a Billy Graham?

En 1940, cuatro jóvenes –Billy Graham, Cliff Barrows, George Beverly Shea y Grady Wilson– a quienes conocemos hoy como los líderes del equipo evangelístico Billy Graham, se reunieron en una finca en las afueras de Modesto, California, a orar y a buscar la voluntad de Dios para sus vidas y ministerios. La finca pertenecía a la familia de Cliff Barrows, el líder musical del grupo. Los cuatro habían venido al valle de San Fernando para celebrar una cruzada evangelística. El padre de Cliff era uno de los hombres de negocios cristianos que invitó al equipo a Modesto. Al segundo día, mientras el equipo ayunaba y oraba pidiendo la dirección de Dios, Billy Graham, el líder del grupo, ordenó a cada hombre irse a orar a solas por su futuro ministerio. Porque todos querían ser usados por Dios, Billy les dijo: "Quiero que pasen una hora pensando en los problemas más grandes que enfrentan los equipos evangelísticos y cómo podríamos superar esas barreras".

Cuando volvieron a juntarse hicieron una lista mixta, enfocándose en cuatro grandes problemas a los que se enfrentan en el ministerio. Esos cuatro ítems son las bases de lo que se conoció como el Modesto Manifiesto. Al final del día, cada uno se comprometió a un grado de integridad mayor del que fue encontrado en otros ministerios evangelísticos, y prometieron apoyarse, servirse y ser responsables unos con otros. Luego todos firmaron el manifiesto.

Lo primero en su lista fue el mal uso común de la verdad por parte de los evangelistas. Había una percepción común de que los evangelistas exageraban el tamaño de las multitudes, el número de conversos y la necesidad de dinero. Cada uno de los hombres se comprometió a informar las verdaderas estadísticas en sus cruzadas. Eran conscientes de la acusación de "hablar evangélicamente", una declaración popularmente usada como un pretexto cuando los evangelistas alardeaban sobre sus resultados.

El segundo asunto en su lista fue el dinero. Debido a que los evangelistas siempre estaban juntando dinero para pagar sus expensas, parecía que muchos estaban en esto por el dinero. Los evangelistas, además, eran famosos por sus peticiones de una "ofrenda amena". El equipo decidió hacer varias cosas. Primero, sus libros financieros siempre estarían abiertos. Segundo, el comité local que los invitó para una reunión votaría sobre un presupuesto y juntaría el dinero antes de que ellos pasasen al escenario. De esta forma el control del dinero estaba en el comité, no en los evangelistas. Tercero, el equipo eventualmente comenzaría a recibir un salario; no recibirían una ofrenda amena.

El tercer problema que inquietaba a los evangelistas era la cuestión sexual y moral. Los miembros del grupo acordaron que nunca se subirían a un auto a solas con una persona del otro sexo, ni estarían en una habitación con una mujer con la puerta cerrada. Decidieron permanecer tan lejos de la apariencia del mal como les fuera posible.

John Corts, presidente de la Asociación Evangelista Billy Graham, usó una cucharita sobre una mesa para ilustrar por qué eran tan cuidadosos. Ubicó la cuchara en el borde de la mesa. A medida que él se extendía sobre la cuchara por una taza de café, eventualmente la empujaba hacia el piso. Entonces explicó: "Cuando un evangelista se familiariza mucho con las mujeres –la cuchara sobre el borde de la mesa– inevitablemente cae". Luego preguntó: "¿Cómo pueden resolver el problema?" Demostró la respuesta a su pregunta al ubicar la cucharita tan cerca del centro de la mesa como era posible. De la misma manera, Billy Graham y el equipo se comprometieron ese día a permanecer lejos de todo lo que suscitara sospecha de mala conducta sexual.

Los cuatros hombres acordaron que el cuarto problema de los evangelistas era un espíritu crítico. Algunos evangelistas criticaban a la Iglesia, algunos criticaban a otros evangelistas, otros criticaban a las organizaciones cristianas. Los cuatro hombres se comprometieron en un ministerio positivo de alentar la unidad en el Cuerpo de Cristo.

Aunque no puede ser desmentido que la bendición de Dios es la razón fundamental para el gran éxito de la organización evangelística Billy Graham, el Modesto Manifiesto es uno de los fundamentos clave para el sobresaliente logro de Billy Graham y su equipo. El equipo pactó mantener esos cuatro principios y confrontarse unos a otros ante la primera evidencia de violación de su juramento. Al ayudarse mutuamente a ser responsables, silenciaron la usual critica sobre los evangelistas. Se volvieron inocentes ante el mundo, honrados unos con otros y un testimonio para Dios. Pero más que la pactada protección mutua, Cliff Barrows testificó: "Hicimos un compromiso de servirnos y apoyarnos unos a otros."

## Vivir por milagros

Como dije antes, soy cofundador con Jerry Falwell de la Universidad Liberty. Jerry es el principal líder espiritual, mientras yo soy el líder académico. Ambos nos esforzábamos continuamente por más estudiantes, más facultades, más edificios y más dinero. Aprendí a orar continuamente por dinero. Así como escalar una montaña, cada paso era difícil y amenazante. Algunas veces parecía que estaba acostado sobre una raíz o una masa de pasto, siempre con el peligro de las serpientes o de derrumbe de las rocas. Vivir por milagros puede ser peligroso.

La Universidad Liberty comenzó siendo pequeña. Jerry conducía su Buick hacia las iglesias del condado cercano en el Centro de

Virginia para predicar. Doug Oldham, el cantante evangelista, atrajo a multitudes con sus conciertos. Fui parte de la visión de la gran universidad que planeábamos construir y que cambiaría el mundo. Jerry predicó, y luego al final pidió a todos que sean un "portero" de la Universidad Liberty, que dieran US$ 1 por semana para ayudar a sostener a un joven "campeón para Cristo". A todos los que prometieron dar US$ 1 por semana les fue dado un paquete de cincuenta y dos sobres con el recordatorio de enviar US$ 1 por semana. Con el paso de los años, muchos me han dicho que empezaron a apoyar a la Universidad Liberty cuando comenzaron a enviar ese dólar semanalmente. Nuestra fidelidad con la donación de US$ 1 eventualmente abrió la puerta a millones de dólares en respuesta a la oración.

Pero también hubo días financieramente oscuros. Después de los escándalos de Jim Bakker y Jimmy Swaggart, las personas dejaron de enviar dinero a todos los predicadores de televisión, Billy Graham y Jerry Falwell incluidos. La familia universitaria oraba, pero algunas veces el dinero necesario no aparecía. Dos veces perdí un cheque. Cuando las cosas se pusieron difíciles, todos los ejecutivos de la universidad cobraron el diez por ciento menos. Mientras que la fuerza de trabajo secular estaba demandando y obteniendo aumentos de sueldos, la facultad Liberty solamente obtuvo un aumento de sueldo en diez años. Algunas veces es necesario el sacrificio en lugar de un milagro.

Con el tiempo, Liberty fue la escuela cristiana de más rápido crecimiento en el mundo. Cada año más de US$ 27 millones en donaciones eran necesarios para la instrucción, el pago de cuartos y comida, para continuar su ministerio. Pero a mediados de 1980 la caída de Jim Bakker y Jimmy Swaggart atrajo tanto la atención que pronto quedó claro que Liberty ya no podría reunir dinero a través de las súplicas televisivas o por correo directo. Las donaciones financieras declinaron sustancialmente en nuestro ministerio, así como en otros ministerios. Las contribuciones a la Hora Evangélica del Antiguo Tiempo y a la Universidad Liberty cayeron casi en US$ 25 millones por año. La universidad había construido edificios y había gastado cerca de US$ 250 millones en facilidades, pero de pronto nos vimos incapaces de reunir dinero para pagar nuestras cuentas. Después de cuatro años consecutivos de US$ 25 millones de déficit, la universidad repentinamente tenía aproximadamente US$ 100 millones en obligaciones a pagar. Los estudiantes estaban en los campos del colegio; no podíamos enviarlos a casa. Teníamos que hacer algo.

Además de la deuda financiera, la Universidad Liberty estaba amenazada con perder su acreditación regional. Debido a que la Asociación de Colegios y Escuelas del Sur no le renovaría la acreditación a una universidad que tenía deudas tan inmensas, Liberty tenía que reducir la proporción de sus obligaciones antes de poder recuperar su acreditado estatus. ACES (Asociación de Colegios y Escuelas del Sur) puso a Liberty a prueba en diciembre de 1996. Sin acreditación, pensamos que la universidad no podría continuar porque los estudiantes no asistirían a una institución no acreditada. Enfrentado a esta crisis, Jerry Falwell ayunó seriamente.

El Señor había señalado en su corazón en el verano de 1996 que era hora de hacer lo que él pensaba que era impensable: embarcarse personalmente en un ayuno de cuarenta días. Pero Dios le había hablado, de modo que ayunó cuarenta días, desde el 20 de julio al 1º de septiembre. Como resultado, Jerry vio comenzar a suceder cosas poderosas. En ese primer ayuno de cuarenta días, siguió pidiendo a Dios dinero. Pero Dios señaló en su corazón que necesitaba estar más cerca de Él, escucharlo y confiar en Él. Cuando Jerry le pidió dinero, Dios le dijo: "No busques mi billetera; busca mi corazón". Jerry tenía varias lecciones que aprender antes de poder pedir dinero. A medida que terminaba ese primer ayuno, sentía que había aprendido lo que Dios quería enseñarle. Pero aún no tenía una respuesta acerca del dinero.

Después de comer veinticinco días, Dios le dijo a Jerry una mañana que ahora podía pedir dinero. Inmediatamente, Jerry se embarcó en otro ayuno de cuarenta días que comenzó el 25 de septiembre de 1996 y terminó el 4 de noviembre. Esa tarde interrumpió el ayuno.

El primer resultado fue que la Universidad Liberty recibió una donación en efectivo lo suficientemente grande para pagar por completo nuestra deuda hipotecaria a largo plazo. Segundo, el flujo de dinero de la Universidad Liberty fue colmado con varios millones de dólares, los que trajeron sanidad financiera e institucional. Tercero, Dios envió a Liberty un nuevo presidente, el Dr. John Borek, que tenía un doctorado en administración de negocios y que había sido el principal funcionario financiero de la Universidad del Estado de Georgia. Sin él, la universidad no podría haber estado preparada para la visita de acreditación de ACES. Cuarto, cuando ACES visitó a Liberty para evaluarla, quitaron todas las sanciones y recomendaron que fuera reacreditada por diez años, lo que sucedió por lo que Jerry había ayunado. Un particular había donado cerca de US$ 50 millones después de aquellos dos ayunos.

## Escribir un contrato con Dios

Bill Bright sabía que Dios lo guiaba a fundar la Cruzada Internacional para Cristo en los comienzos de 1950. Aunque había sido un exitoso hombre de negocios, quería asegurar que su ministerio mantuviera un enfoque y un fundamento espiritual. Bill y su esposa, Vonette, redactaron un contrato con Dios, así como Bill lo hacía cuando establecía varios negocios. Pero esta vez no era un contrato 50 y 50, como sería en el campo secular. Bill y Vonette dieron *todo* su dinero y sus posesiones a Dios. Bill y Vonette ahora viven en una casa y manejan un auto de propiedad de la Cruzada. No tienen un salario y confían en que Dios suplirá todas sus necesidades personales así como las de la Cruzada.

Bill ha reunido millones y millones de dólares para el film JESÚS, para proyectos y construcciones evangelísticas, y la lista continúa. Dios ha honrado su administración del dinero. La Cruzada tiene más de 25.000 trabajadores de tiempo completo y un directorio voluntario de aproximadamente 250.000 personas. Es asombroso cuánto dinero puede ser reunido en asociación con Dios cuando Él tiene todo el control y recibe toda la gloria.

## Principios para recordar

- Algunos han elegido una vocación en la que siempre necesitarán orar por dinero.
- Dios es glorificado por abastecer de dinero a las personas y a los proyectos dignos.
- Cosas grandes pueden ser cumplidas por Dios cuando Él controla el dinero y obtiene la gloria.

Capítulo 6

# La fe anima a ayunar por dinero

**K**yle y Suzanne eran una pareja joven que fue agobiada con los usuales problemas financieros que a menudo hunden a los matrimonios jóvenes: intentar pagar por completo la deuda de la tarjeta de crédito, tener una casa en marcha y aprender cómo vivir con los hábitos de gasto de uno y del otro. Mientras ayunaban y oraban para tener sus finanzas en orden, Dios les dijo que diezmaran, cuando hasta ese momento solamente habían estado dando el tres por ciento. Pero su presupuesto les dijo que andarían con US$ 400 al mes si daban el diez por ciento. Continuaron ayunando y orando por ayuda. Entonces dieron un salto financiero y declararon: "Obedeceremos a Dios, y diezmaremos lo que Dios demanda". El día después a su decisión, una amiga los animó a mudarse a un departamento cerca del suyo. La renta sería de US$ 400 por mes, US$ 400 menos por mes de lo que habían estado pagando. Una vez que decidieron obedecer a Dios y diezmar, Dios les proporcionó inmediatamente US$ 400 extra por mes.

## Una fórmula basada en la fe

¿Existe un aliento de fe que ayudará a que nuestras oraciones por dinero sean respondidas? Algunos ingenuamente piensan que todo lo que tienen que hacer es pedir. Si bien pedir es uno de los requisitos de Dios en la oración, y especialmente un requisito en la oración por dinero, pedir no es el único paso. Un montón de cosas en la vida requieren conocer la fórmula correcta. Como dije anteriormente, usted no puede ingresar a mi computadora sin saber mi nombre ni mi clave. La mitad de mi clave no es suficiente. Usted tiene que tenerla toda correcta –hasta la última letra– para ingresar. Tampoco puede usar mi teléfono para una llamada de larga distancia sin mi código, ni puede obtener efectivo con mi tarjeta o usar la copiadora de mi oficina sin el número de identificación personal apropiado. De lo mismo se trata para recibir respuestas a las oraciones. Dios quiere que pidamos *con fe*. Nuestra relación con Dios está basada en la fe, porque es la fe –no la fórmula– la que agrada a Dios: *"Sin fe es imposible agradar a Dios; porque es necesario que el que se acerca a Dios crea que le hay"* (Hebreos 11:6).

La mayoría de las personas no ayunan por dinero hasta que están en problemas financieros; entonces claman a Dios por ayuda. Dios a menudo llama nuestra atención a través de los problemas de dinero. Y a partir de nuestros temores más profundos, Dios moldea nuestra vida. Mientras permanecemos en su presencia, *moldeamos nuestros deseos a su voluntad*. Hay tres puntos sobre el ayuno que ayudan a moldearnos a las disciplinas devotas de Jesucristo.

> ## LA FE ANIMA A PEDIR
>
> 1. Ayunar para estar seguros de la voluntad de Dios.
> 2. Ayunar para sentir la presencia de Dios.
> 3. Ayunar y estudiar las Escrituras para conocer los principios de Dios respecto al dinero.
> 4. Ayunar para tener discernimiento de cómo Dios provee para nuestras necesidades.
> 5. Ayunar para aprender las prioridades en los gastos de dinero.
> 6. Escribir un plan de administración del dinero para la vida y el ministerio.
> 7. Ayunar para obtener ayuda cuando debemos tomar decisiones difíciles.
> 8. Ayunar para crucificar gastos indisciplinados de dinero.

## Ayunar para estar seguros de la voluntad de Dios

Antes de pedir dinero, necesitamos orar y preguntar a Dios si el problema es terrenal o celestial. ¿Por qué estamos en un pozo oscuro? Antes de orar para salir, necesitamos descubrir por qué estamos allí.

Además, necesitamos buscar a Dios en nuestro valle de sombras: "Aunque ande en valle de sombra de muerte financiera, tú estarás conmigo" (ver Salmo 23:4). En algún lugar en nuestro pozo económico encontraremos a Dios. Él no nos puso en nuestro pozo, pero está allí con nosotros. Si miramos con los ojos de la fe, veremos su promesa en las sombras oscuras: *Yo estoy contigo*. Necesitamos actuar bajo esa promesa y clamar por su presencia. Podemos estar muy cegados por el temor, a perder el trabajo, a girar cheques en descubierto, a las deudas de tarjetas de crédito y tal vez incluso a la quiebra, que no podemos verlo en medio de eso. De hecho, podemos no estar buscándolo porque estamos muy ocupados mirando los desafíos que nos confrontan. Pero Él está allí. Antes de buscar dinero, debemos buscar a Dios: *"Buscad al Señor mientras puede ser hallado, llamadle en tanto que está cercano"* (Isaías 55:6).

Pero, ¿cómo hallamos a Dios? *"Me buscaréis y me hallaréis, porque me buscaréis de todo vuestro corazón"* (Jeremías 29:13). Cuando nos privamos de la comida, nos desesperamos. Eso le dice a Dios que somos sinceros. Él se revela a los que desesperadamente buscan de Él. ¿Cuándo fue la última vez que usamos la palabra "por favor" mientras oramos? ¿Cuándo fue la última vez que derramamos una lágrima ante Dios?

Cuando ayunemos, conoceremos la voluntad de Dios –incluso los planes financieros de Dios para nuestras vidas– mejor que en cualquier otro momento. ¿Por qué? Porque estamos más cerca de Dios y pensamos más claramente cuando ayunamos. Vemos nuestras vidas a través de la perspectiva del cielo, y el Espíritu puede guiarnos a la verdad (ver Juan 14:26; 16:13-15).

## Ayunar para sentir la presencia de Dios

Cuando negamos nuestro apetito físico a fin de buscar la presencia de Dios, Él se revela a nosotros. Si queremos la presencia de Jesús en nuestras vidas, entonces debemos ayunar para obtenerla. Así como podemos sentir la lluvia, podemos sentir su presencia. Obviamente, no lo veremos con nuestros ojos ni lo tocaremos con nuestros dedos, pero sentiremos su presencia en nuestro corazón.

## Ayunar y estudiar las Escrituras para conocer los principios de Dios respecto al dinero

Cuando ayunamos, debemos tomarnos un tiempo para examinar lo que la Biblia dice sobre el dinero. Lea y estudie las Escrituras listadas:

### Principios de Dios sobre el dinero

| | |
|---|---|
| Éxodo 20:24; 36:3-7 | Esdras 6:3-15 |
| Éxodo 35:4-5, 10, 30-35 | Esdras 7:6-23 |
| 1 Reyes 4:7, 27-28 (La peticiones del rey Salomón) | Nehemías 1:4-11 |
| | Nehemías 2:1-8 |
| 1 Reyes 10:1-10 (La reina de Sabá) | Nehemías 2:11-18 |
| | Nehemías 3; 4:14-21; 6:15 |
| 1 Reyes 17:1-7 | Hageo 1 |
| 1 Reyes 17:8-16 | Mateo 25:14-30 |
| 2 Reyes 12:4-8 | Lucas 6:27-38 |
| 2 Reyes 12:9-16 | Lucas 8:2-3 |
| 1 Crónicas 28:12, 19 | Lucas 19:11-27 |
| 1 Crónicas 29:2-9 | Hechos 4:34; 5:2-11 |
| 2 Crónicas 31:3 | 1 Corintios 16:1-3 |
| 2 Crónicas 31:4-10 | 2 Corintios 8-9 |
| 2 Crónicas 31:11-21 | |
| Esdras 2:68-69 | |

## Doce principios de administración

Cuando entendamos lo que Dios dice sobre el dinero, le daremos a este el mismo valor que Él le da. La siguiente lista de doce principios es solo la primera lección en nuestro esfuerzo por comprender mejor los principios económicos de Dios:

1. Los administradores reconocen que Dios es el dueño de todas las cosas y que sus seguidores son administradores a quienes se les ha dado la responsabilidad de manejar sus recursos.
2. Los administradores tienen la libertad y la obligación de usar sus talentos, recursos y circunstancias para obtener los mejores resultados para Dios.
3. Los administradores entienden que Dios no impone su gran propósito sobre el mundo. Dios cumple sus propósitos a través de las personas.
4. Los administradores admiten el señorío de Cristo sobre sus finanzas.
5. Los administradores que manejan el dinero correctamente construyen rasgos de carácter bíblico en ellos.
6. Los administradores están precozmente pensando en planear sus vidas.
7. Los administradores adoran a través del dar.
8. Los administradores tienen mentes misioneras.
9. Los administradores que manejan apropiadamente su dinero desafían a los demás a hacer lo mismo.
10. Los administradores deben ser estudiantes y maestros de la Palabra de Dios.
11. Los administradores comprenden que Dios ve sus obras y los recompensará en conformidad a ellas.
12. Los administradores saben que su verdadero día de pago no viene al final del trabajo; viene cuando se paren delante de Dios en el cielo.

## Ayunar para tener discernimiento de cómo Dios provee para nuestras necesidades

Muchos cristianos tiene el hábito de orar lo que yo llamó oraciones de buzón. Siempre piden a Dios que resuelva sus problemas financieros con un milagro tal como recibir un cheque inesperado en la correspondencia. Otros cristianos tienen más una mentalidad de lotería cuando vienen a orar y piensan: "Alguien va a ganar. ¿Por qué no yo?" Quieren algo a cambio de nada. Están sentados esperando que su barco venga o que un tío rico se muera y los haga adinerados.

Pero observe cuán pocas personas fueron libradas de problemas financieros a través de un milagro. La mayoría de Israel obtuvo su dinero trabajando duro en sus fincas. Fue el diezmo de sus fincas lo que mantuvo a la obra de Dios funcionando. Seguro, Dios usó a cuervos para alimentar a Elías en el arroyo (ver 1 Reyes 17:1-7), y Dios alimentó a Israel en el desierto con el maná del cielo durante cuarenta años (ver Éxodo 16). Pero hay millones de creyentes en las Escrituras que trabajaron por su comida y por su dinero. Ellos agradecieron a Dios por fortalecerlos para trabajar su tierra y por la lluvia y el Sol que hicieron que sus cosechas crecieran. ¿Por qué deberíamos pensar que Dios obraría un milagro por nosotros hoy cuando Él no lo hizo por la mayoría de los creyentes en la Biblia? Si pensamos que somos una excepción, deberíamos estar preparados para comprobarlo.

## Ayunar para aprender las prioridades en los gastos de dinero

Obviamente, algunas cuentas son más importantes que otras. Pero supongamos que tenemos más cuentas que dinero. Entonces ayunamos y oramos para descubrir dónde reducir los gastos. ¿Pero qué pasa si pensamos que todas nuestras necesidades son, de hecho, verdaderas necesidades? Ahora tenemos un problema. Por lo tanto ayunamos y oramos para determinar qué necesidades son más necesarias que otras y qué necesidades tienen que irse. Dos autos en el garaje de la familia pueden no ser una necesidad, especialmente si el transporte público está disponible. Oramos por cada ítem de la lista a medida que tratamos de evaluarlos a la luz de la sabiduría que Dios nos ha dado.

## Escribir un plan de administración del dinero para la vida y el ministerio

Un plan de administración del dinero debería incluir ambos, ingresos y gastos esperados. Cuando tenemos una visión realista de nuestro ingreso, podemos determinar qué gastos son necesarios y cuánto podemos gastar en circunstancias imprevistas, lujos y entretenimiento. Las prioridades de nuestro plan de gastos de dinero deberían parecerse a algo como esto:

### PRIORIDADES DE GASTOS

1. Diezmos y ofrendas
2. Casa y enseres
3. Comida
4. Ropa
5. Transporte
6. Seguro
7. Educación y progreso
8. Jubilación
9. Recreación
10. Entretenimiento

> ### Ayunar para obtener ayuda al tomar decisiones difíciles
>
> Si estamos continuamente en deudas, entonces algo está mal. Necesitamos hacernos las siguientes preguntas:
>
> - ¿Debería conseguir un segundo trabajo?
> - ¿Debería mi esposa o esposo trabajar?
> - ¿Debería mudarme a una casa menos cara?
> - ¿Qué puedo vender?
> - ¿Debería suspender temporalmente el pago del seguro?
> - ¿Debería dejar temporalmente los pagos de la jubilación?
> - ¿Quién, si existe alguno, en mi familia, puede ayudarme financieramente?
> - ¿Qué reserva de dinero puedo usar (seguro de vida, jubilación, mercaderías reservadas, etc.)?

## Ayunar para crucificar gastos indisciplinados de dinero

Muchas personas tienen una adicción a gastar dinero. Si bien Pablo no dijo que tuviera problemas de dinero, observe su descripción de sí mismo: *"Porque no hago el bien que quiero, sino el mal que no quiero, eso hago"* (Romanos 7:19). Nosotros podríamos aplicar las palabras de Pablo a cualquier persona con un problema de dinero: disciplinar mi dinero es algo bueno, pero no lo hago. Gastar dinero en cosas no esenciales es algo malo, pero eso es lo que hago. El problema con la adicción es que volvemos una y otra y otra vez. Cuando Pablo fue enfrentado con su problema crónico, clamó: *"¡Miserable de mí! ¿quién me librará de este cuerpo de muerte?"* (Romanos 7:24). Las personas que son codiciosas o tienen una adicción a gastar dinero siempre parecen meterse en pozos financieros.

La respuesta a esta clase de problemas de dinero viene de considerar muerta nuestra codicia. Pablo lo describió teológicamente: *"Así también vosotros consideraos muertos al pecado"* (Romanos 6:11). Si estamos muertos, entonces no tendremos deseos de hacer algo, de tener algo o de gastar todo. ¿Que ha puesto a morir en la cruz?

Piense en un cadáver en un coche fúnebre que es llevado de la iglesia al cementerio. Cuando el coche fúnebre pasa por el *shopping*, el cadáver no quiere ir a comprar nada. El cuerpo no tiene deseos de ir al cine, de entrar al bar ni de ir a un restaurante de comida rápida por una hamburguesa o una leche chocolatada. El cadáver no tiene sentimientos ni deseos. Si nosotros fuésemos como un cadáver, podríamos salir solos de los problemas de dinero. No gastaríamos nada de dinero porque no desearíamos comprar nada. ¿Qué necesita morir en su vida?

Sin embargo, cuando vamos por el mismo camino que el coche fúnebre con el cuerpo muerto, queremos hacer compras en el *shopping*, ir a los cines o ir a relajarnos a un bar. Vemos cosas que queremos comprar que pensamos que son absolutamente necesarias. Queremos cosas porque estamos vivos.

Por lo tanto, ¿cuál es la respuesta? No podemos ser un cadáver parcial, mitad vivo y mitad muerto. Somos uno o lo otro. De la misma manera, no podemos matar a medias nuestros deseos de gastar dinero. Piense en lo que eso significaría. ¿Gastaríamos dinero en los días pares del mes, pero ahorraríamos nuestro dinero en los días impares? Eso no funcionaría.

Pablo dijo: *"Cada día muero"* (1 Corintios 15:31) y también que *"El mundo me es crucificado a mí, y yo al mundo"* (Gálatas 6:14). Cuando Pablo fue crucificado, trató los deseos de la carne como si estuvieran muertos. No los escuchó. Eso es lo que nosotros tenemos que hacer con nuestra codicia: ¡matarla!

El mejor lugar para morir es a los pies de la cruz. Vamos al lugar donde Jesús murió por nosotros y nos identificamos con Él. Morimos con Jesús: *"Con Cristo estoy juntamente crucificado, y ya no vivo yo, más vive Cristo en mí"* (Gálatas 2:20). Aunque morimos a nuestra codicia y a nuestros malos deseos, todavía tenemos que vivir en este mundo presente. Eso significa que debemos hacer más que *actuar* como si nuestras codicias estuvieran muertas; si tenemos que actuar como si ellas estuvieran muertas, eso significa que todavía están vivas. Debemos ir a la cruz y crucificarlas.

Mientras ayunamos en la presencia de Dios, debemos llorar por nuestra irresponsabilidad financiera. Debemos pedir la misericordia de Dios, arrepentirnos y prometer al Señor que de ahora en más recordaremos que todo nuestro dinero es su dinero. Entonces, cuando nuestras codicias nos llamen a gastar dinero, reconoceremos y recordaremos que estas murieron con Cristo en el Calvario.

Un cristiano debería ser una nueva persona. Si somos cristianos, eso quiere decir que manejamos nuestro dinero de una forma nueva. Si somos nuevas personas en Cristo, deberíamos gastar nuestro dinero de formas nuevas porque tenemos un nuevo motivo en nuestras vidas. Obviamente, gastar nuestro dinero de una manera nueva significa comprar solo aquellas cosas que Dios quiere que compremos.

Pablo dijo: *"Porque somos sepultados juntamente con él para muerte por el bautismo, a fin de que como Cristo resucitó de los muertos por la gloria del Padre, así también nosotros andemos en vida nueva"* (Romanos 6:4). Así como un cristiano debería caminar en una vida nueva, nosotros debemos manejar nuestras vidas con motivos nuevos, para un nuevo jefe: Jesucristo. De ahora en más, gastamos solo en lo que Jesús nos dice que gastemos.

A medida que ayunamos, decimos continuamente *no* a nuestro apetito. Estamos permanentemente mirando la cara de Dios. Estamos aprendiendo a hallar satisfacción en su presencia. Entonces llevamos a la vida financiera de cada día las lecciones que aprendemos mientras ayunamos.

## Principios para recordar

- Dios tiene una fórmula basada en la fe para que nosotros obtengamos una solución a nuestros problemas de dinero.
- La solución a nuestro problema económico está basada en nuestro caminar con Dios.
- Cuando ayunamos, nos ajustamos al plan de Dios para nuestro dinero.
- La Biblia dice mucho sobre el dinero; nosotros deberíamos aplicar la Palabra de Dios a nuestras vidas.
- Una liberación financiera para nuestros problemas de dinero debería estar vinculada a nuestra actual administración.

## Nota

La quiebra es una solución financiera proporcionada por el sistema legal estadounidense para ayudar a los individuos a tratar la reestructuración de las deudas y/o la eliminación de las deudas. Algunos cristianos e instituciones cristianas han ganado protección bajo las leyes de quiebras y han sido capaces de comenzar otra vez. Algunos consejeros financieros cristianos sienten que los creyentes siempre están obligados a pagar sus obligaciones, aun después de que han sido declarados en quiebra. Otros consejeros financieros cristianos creen que los cristianos deberían tomar ventaja de esas leyes, así como lo hace el resto de la sociedad. Sea que usted esté de acuerdo o no, muchos creyentes han sido ayudados por esta protección temporaria hasta que son capaces de recobrar sus bases financieras.

**Capítulo 7**

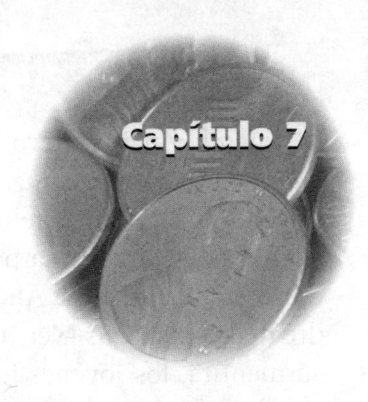

# Satanás y el dinero

Satanás odia tanto a Dios que usará el dinero para destruir la obra de Dios y a sus obreros. ¿Qué usó Satanás en su primer intento de destruir la Iglesia del Nuevo Testamento? ¡El dinero! Hechos 5:1-11 habla de un matrimonio rico, líderes en la iglesia, que fue cegado por la codicia. Ananías y Safira estaban envidiosos de la aclamación pública que Bernabé recibió de los cristianos cuando vendió una porción de tierra y dio todo el ingreso a Dios. Entonces decidieron vender su tierra también. Querían los mismos aplausos de la multitud. Sin embargo, después que vendieron su posesión, decidieron sustraer una parte del dinero, mientras todavía buscaban la aclamación pública. Por ende, hicieron que todos pensaran que estaban dando la suma entera de la transacción, a Dios.

Cuando Ananías llevó su dinero a la iglesia, Pedro dijo: *"¿Por qué llenó Satanás tu corazón para que mintieses al Espíritu Santo?"* (Hechos 5:3). Satanás tenía a Ananías y a su esposa porque ellos acordaron sustraer una parte del dinero, para lograr que todos creyeran una mentira. Ahora, recuerde, Satanás es llamado el padre de las mentiras (ver Juan 8:44). Cuando Ananías murió por su mentira, los jóvenes inmediatamente lo sepultaron. ¿Dónde estaba Safira? Probablemente de compras, gastando el dinero que ellos habían ocultado a Dios.

Cuando Safira fue a la iglesia más tarde, fue confrontada con el mismo pecado: *"¿Por qué convinisteis en tentar al Espíritu del Señor?"* (Hechos 5:9). Ella cayó muerta y fue llevada fuera por el mismo grupo de hombres que había sepultado a su marido. ¿Cuál fue la respuesta? *"Y vino gran temor sobre toda la iglesia, y sobre todos los que oyeron estas cosas"* (v. 11). Dios purificó la Iglesia, y todas las personas tuvieron miedo de engañar a Dios o de decir alguna pequeña mentira respecto de su dinero. Ananías y Safira no necesitaban morir. No necesitaban vender. No necesitaban darlo todo. No necesitaban mentir. ¡Pero lo hicieron!

Incluso los inconversos fueron influenciados por el acontecimiento. *"De los demás, ninguno se atrevía a juntarse con ellos, más el pueblo los alababa grandemente"* (v. 13). Y muchas personas se convirtieron (ver v. 14).

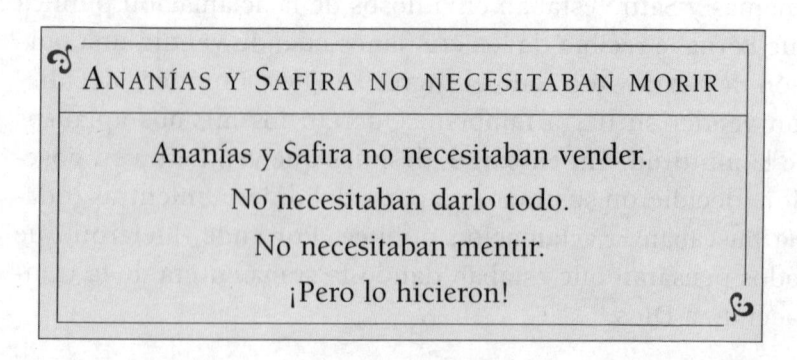

---

### ANANÍAS Y SAFIRA NO NECESITABAN MORIR

Ananías y Safira no necesitaban vender.
No necesitaban darlo todo.
No necesitaban mentir.
¡Pero lo hicieron!

## Querer atrapar a Dios a través de su dinero

Aunque Satanás usó una parte del dinero que Ananías y Safira recibieron de la venta de su tierra para tentarlos a pecar, tentó a otros quitándoles su dinero. Job era un hombre rico: *"Su hacienda era siete mil ovejas, tres mil camellos, quinientas yuntas de bueyes, quinientas asnas, y muchísimos criados; y era aquel varón más grande que todos los orientales"* (Job 1:3). Pero la riqueza más grande de Job no era su dinero, era su caminar con Dios. *"Job (...) era hombre perfecto y recto, temeroso de Dios y apartado del mal"* (v. 1).

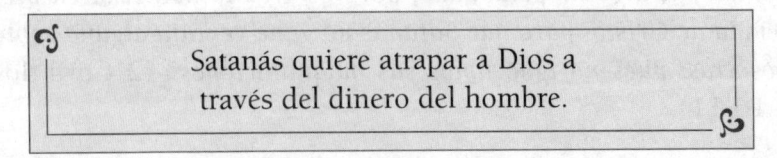

> Satanás quiere atrapar a Dios a través del dinero del hombre.

La historia es bien conocida. Satanás dijo a Dios que Job lo maldeciría si Él le quitaba el dinero. Pero aun cuando Job perdió todas sus posesiones –todas– no negó, ni culpó ni maldijo a Dios. La vida de Job no giraba en torno al dinero y las cosas. Cuando su salud fue quitada, su esposa quería que él "maldijera a Dios y muriera" (ver Job 2:9). Pero aun cuando su esposa quería que Job muriera, él permaneció fiel a Dios. ¿Qué habría hecho usted?

Aunque el relato de Job parezca una historia de dinero, no lo es. Nunca se trató de dinero. Se trató de la relación de un hombre con Dios. Y nuestros problemas financieros no son una cuestión de dinero. Se refieren a nuestra relación con Dios.

> Nuestros problemas de dinero no son una cuestión de dinero, así como nuestro ayuno no es una cuestión de comida.

Satanás trató de desconcertar a Dios intentando que Job negara su fe. El enemigo pensó que podía hacerlo a través del dinero. Satanás le dijo a Dios: *"¿Acaso teme Job a Dios de balde? (...) Al trabajo de sus manos has dado bendición"* (Job 1:9-10). Aquí está la proposición de Satanás: *"Extiende ahora tu mano y toca todo lo que tiene, y verás si no blasfema contra ti en tu misma presencia"* (Job 1:11).

Satanás odia a Dios, y cuando puede atrapar a los obreros de Dios, atrapa a Dios. Observe lo que Pablo dijo: *"Y al que vosotros perdonáis, yo también; porque también yo lo que he perdonado, si algo he perdonado, por vosotros lo he hecho en presencia de Cristo, para que Satanás no gane ventaja alguna sobre nosotros; pues no ignoramos sus maquinaciones"* (2 Corintios 2:10-11).

## Tentar al pueblo de Dios

Satanás no tiene que intentar mucho para tentarnos con dinero, porque dentro del corazón hay un amor natural por el dinero y por las cosas que este puede comprar. Pablo nos recuerda en 1 Timoteo 6:10: *"Raíz de todos los males es el amor al dinero"*.

Algunos se encuentran en un pozo financiero por su adoración al omnipotente dólar. ¿Cómo sucede eso? Algunos son esclavos del dinero, y sacrifican a sus familias, sus tiempos de iglesia e incluso sus almas para tener más. Es una adicción llamada codicia, y ayunar puede ayudar a liberar a las personas de ella.

Algunos no son adictos a la codicia; solo quieren las cosas que el dinero puede comprar: lujos, las últimas chucherías o adquisiciones de moda. Como resultado, están en un pozo financiero y necesitan terminar con su obsesión por las cosas. Esto puede alcanzarse a través del ayuno y la oración.

Debido a que tienen muy poca disciplina, algunas personas gastan todo su efectivo semanalmente, cancelan las deudas de su tarjeta de crédito y luego obtienen otras nuevas. Después, piden prestado para las deudas. Finalmente, intentan orar para salir de las deudas. Pero están en esclavitud financiera porque no entienden la libertad en Cristo.

## Desviar al pueblo de Dios

Satanás usará el dinero para intentar desviar a las personas de Dios al convencerlas de comprar "cosas buenas" para que pierdan las mejores cosas de la vida. Algunos cristianos son buenos administradores de dinero, por lo que tienen suficiente dinero para comprar todas las cosas que quieran en la vida. Tienen un vehículo para pasear, un bote, vacaciones extravagantes, una cabaña en el lago y lo último en televisores, computadoras, DVDs y otros artefactos electrónicos. No están en deudas financieras porque, técnicamente, son capaces de pagar todo lo que tienen. El problema es que sus vidas giran en torno a los *objetos* más que en Jesucristo.

Si Satanás no puede incitarnos a un profundo pecado o a una rebelión contra Dios, entonces intentará desviarnos con cosas buenas. Otros cristianos se quejan de que no pueden enviar a sus hijos a escuelas cristianas porque no pueden afrontar la matrícula, pero están recostados contra un yate a motor de US$ 40.000 en el muelle. Otros dan un mínimo del diez por ciento a Dios, pero viven exorbitantemente con el noventa por ciento restante. Más que aprender a vivir una vida modesta y ver cuánto pueden invertir en la obra de Dios, gastan excesivamente en diversiones, recreación y cosas materiales. No están presos de los pecados de la carne o herejías, pero al mismo tiempo no están aferrados a Cristo. Sin darse cuenta, están en las garras de Satanás.

## Usar mal los recursos financieros

Satanás traerá personas a nuestra vida que desbaratarán y alejarán nuestros recursos financieros de la obra de Dios. Cuando Satanás no puede atraparnos por nuestra naturaleza carnal –el amor al dinero– traerá personas para destruir nuestra administración. Puede ser un miembro de la familia que pone una carga financiera muy grande sobre nosotros para desviar el dinero de la obra de Dios. Podría ser un vendedor que quiere vendernos un seguro adicional, mercadería adicional o cualquier otra cosa. Después de todo, la palabra favorita de un vendedor es "ahora", "compre ya". Si no lo compramos ahora, lo perderemos. Pero a menos que sea verdaderamente una situación de vida o muerte en ese momento, no deberíamos hacerlo. Cuando somos presionados a tomar una decisión inmediata, debemos detenernos y hacer de esa decisión una cuestión de oración. Si es una inversión financiera seria, debemos hacer de ella una cuestión de *continuo* ayuno y oración.

Además, necesitamos tener cuidado con las personas que pasan por las iglesias con el esquema hágase-rico-rápidamente. Pueden prometer duplicar nuestro dinero el próximo año, o prometer una jubilación enorme en el futuro. Usualmente, cuando un negocio financiero suena demasiado bueno para ser verdad, no lo es.

Cuando ayunamos y oramos por las personas que nos hacen ofertas financieras, debemos tomarnos un tiempo para examinar esas ofertas con mucho cuidado. Deberíamos comprometernos al menos un día a ayunar por la propuesta. Cuando lo hacemos, deberíamos traer varios recursos a nuestro ayuno.

- Deberíamos ayunar y orar sobre la documentación relacionada con la inversión.

- Deberíamos estudiar la Palabra de Dios mientras oramos sobre cómo invertir el dinero.
- Deberíamos estudiar la Biblia concerniente a lo que Dios dice sobre las inversiones.

Obviamente, vamos a ir a hablar con otros cristianos a los que respetamos y en quienes confiamos, además de hablar con las personas que han invertido en el proyecto propuesto. Luego necesitamos hablar con las correspondientes autoridades que tratan el tipo de inversión que nosotros estamos considerando. Debemos hacer todo lo que podemos para encontrar la verdad, porque la verdad nos hará libres (ver Juan 8:32).

## Desbaratar la seguridad financiera a través de las circunstancias y las experiencias

Satanás traerá circunstancias y experiencias a nuestras vidas que desbaratarán nuestra seguridad financiera y nuestros planes financieros de gastos. Nunca sabemos cuándo ocurrirán las emergencias médicas o los accidentes. Satanás puede inspirar algunas de estas cosas, aunque sabemos que Dios está enseñándonos a través de ellas, obrándolas para bien (ver Romanos 8:28). Las instituciones pueden colapsar y los negocios pueden cerrar. Esos cierres pueden amenazar nuestro futuro financiero y a la larga, desbaratar nuestra paz con Dios. Cuando algo sucede por robo, mala administración financiera o solo circunstancias desafortunadas, debemos volvernos a Dios. Es posible que nuestros planes de jubilación puedan colapsar porque Dios tiene otros planes y quiere que confiemos en Él. Entonces nuevamente, es posible que Satanás haya tenido algo que ver con ese trastorno.

¿Qué hacemos cuando esas cosas suceden? A menudo perdemos nuestra paz y nuestra confianza en el futuro. Pero quizás teníamos nuestros ojos en circunstancias y en los promedios del Dow Jones, más que en Dios. No estábamos confiando en el Señor Dios de los siglos. Algunas veces, como una pequeña nube que se mete en nuestros ojos para que no podamos ver, el dinero diluye nuestra visión de Dios. No vemos sus obras en nuestras vidas, y olvidamos los principios por los que deberíamos estar viviendo. Es durante esos tiempos que deberíamos detenernos, esperar en Dios y buscar su dirección.

¿Qué es el dinero? El dinero representa nuestra vida. Por eso, cuando el enemigo quiere atraparnos, viene tras nuestro dinero. Nos matará de hambre en un intento de que nos pongamos en contra de Dios. O nos dará tanto que nos olvidaremos de Dios por completo. El escritor de Proverbios lo expresó de esta manera:

*Dos cosas te he demandado; no me las niegues antes que muera: vanidad y palabra mentirosa aparta de mí; no me des pobreza ni riquezas; manténme del pan necesario; no sea que me sacie, y te niegue, y diga: ¿Quién es Jehová? O que siendo pobre, hurte, y blasfeme el nombre de mi Dios"* (30:7-9).

## **Principios para recordar**

- Satanás nos tentará a través del dinero.

- Satanás puede meternos en problemas cuando gastamos demasiado o cuando gastamos imprudentemente.

- Satanás puede tentarnos quitándonos nuestro dinero.

# Epílogo

Cuando los reporteros del *Washington Post* estuvieron tratando de hallar la verdad sobre el Presidente Nixon, les fue dicho que siguieran la vía del dinero. Cuando los inspectores quieren atrapar a los que defraudan en sus impuestos, siguen la vía del dinero. ¿Qué hace Dios cuando intenta determinar nuestra espiritualidad? Sigue nuestra vía del dinero.

Seamos rápidos al señalar que una apropiada administración de nuestro dinero no nos hará espirituales. Pero si estamos apropiadamente relacionados con Cristo y crecemos en Él, administraremos apropiadamente nuestro dinero.

Cuando Dios sigue nuestra vía del dinero, no es una cuestión de cuánto tengamos –seamos ricos o pobres– es lo que hacemos con lo que tenemos. Dios busca fidelidad. Si hemos sido fieles con nuestro dinero, lo escucharemos decir: *"Bien, buen siervo y fiel"* (Mateo 25:21).

Pero algunos creyentes tienen problemas financieros no por culpa de ellos. Los negocios colapsan, los accidentes suceden, las enfermedades atacan y los creyentes afectados no pueden manejar los vaivenes financieros. ¿Qué pueden hacer en esa clase de situaciones? Dios todavía responde a la oración de satisfacer las necesidades –incluso necesidades financieras– de sus hijos. Es por eso que necesitamos ayunar y orar por una liberación financiera.

Existen también ministerios y obreros cristianos que tienen gigantes necesidades financieras semana tras semana, además de situaciones ocasionales de crisis. También tienen la promesa de que Dios estará con ellos y les responderá cuando oren y ayunen en su nombre. Si usted está en esa situación, traiga sus peticiones a Dios y permítale cuidar de usted.

# Acerca del autor

Elmer L. Towns es decano de la Escuela de Religión en la Universidad Liberty en Lynchburg, Virginia, donde enseña a dos mil miembros pastores en la clase de Escuela Dominical de la Iglesia Bautista Thomas Road. Es ganador de una Medalla de Oro y, entre sus libros, se incluyen *Liberación espiritual a través del ayuno y los nombres de mi Padre*. Elmer y su esposa, Ruth, tienen tres hijos.

etowns@elmertowns.com

# La revolución de Elías

LOU ENGLE Y JIM GOLL PRESENTAN UNA EMOCIONANTE VISIÓN DE CÓMO ESTA GENERACIÓN PUEDE CRECER ... HASTA CONVERTIRSE EN UNA FUERZA IRRESISTIBLE, ENTREGADA A LA VOLUNTAD DE DIOS Y QUE SE NIEGA A CEDER ANTE LA CULTURA DE ESTE MUNDO CAÍDO".

En la actualidad se está produciendo UNA SANTA REVOLUCIÓN de dimensiones sin precedentes. Frente a la cruel corrupción moral y espiritual, miles de creyentes responden al llamado de Dios a una vida santa de total y absoluta entrega a Cristo. En su ardiente pasión por Dios, se yerguen, firmemente, en nombre de Cristo, y se niegan a transigir en su estilo de vida con los valores de una cultura cada vez más secularizada.

Encendidos con el ardiente espíritu de Elías y el corazón generoso de Ester, estos revolucionarios de los últimos días buscan nada menos que la completa transformación de la sociedad por medio del avivamiento y el despertar espiritual. ¡Advertencia! Este libro lo desafiará como nunca antes a una vida de santidad y devoción extremas a Cristo. La necesidad es grande, y este es el momento. ¡Venga y únase a la revolución!

Peniel

www.editorialpeniel.com

# Cómo hacer lo imposible

## Oral Roberts

Fundador y rector de la Universidad Oral Roberts, en Tulsa, Oklahoma, EE.UU., es reconocido como una de las personalidades sobresalientes de su generación, como *educador, evangelista y autor.* Ha tenido numerosas cruzadas de evangelismo y sanidad en los cinco continentes, y es autor de más de cien libros.

"Lo que digo en este libro es tan real como Dios es real, y tan fresco como el rocío de la mañana. Aunque soy un estudioso, el consejo que doy no es mero conocimiento teórico, le estoy compartiendo la vivencia de años de enfrentar la adversidad y experimentar los milagros y la inconfundible presencia y acción del Dios Todopoderoso.

Yo he estado en medio de las críticas, en momentos donde nada parece dar resultado, pero me rehusé sentarme y esperar morir. En nombre de Dios y a favor de la liberación me he levantado y marchado dando golpes donde debía darlos.

Quizás usted este pasando por lo mismo, quiero desafiarlo a obedecerle a Dios, ver al invisible y hacer lo imposible. Antes que Moisés pudiese emprender la tarea imposible de liberar al pueblo de Israel del cautiverio egipcio, ¡se dice que él vio al invisible! Eso cambió por completo su vida, de un tartamudo, titubeante e incrédulo, a un firme creyente, ungido y poderoso en palabras. ¡Lo mismo le puede ocurrir a usted!".

Cuando usted ve al Invisible, puede hacer lo imposible

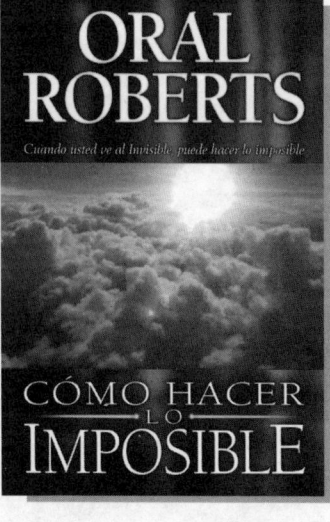

Peniel

www.editorialpeniel.com

# ¿Quién es el 1ero en tu vida?

Cuando ajustamos nuestras prioridades a los principios de Dios y le damos las primicias de nuestras vidas, Él nos promete derramar su bendición sobre nosotros. Aprende las enseñanzas que transforman vidas y que fueron reveladas a Mike Hayes, pastor de la Covenant Church en Dallas, Texas, con 10.000 miembros. Y conoce cómo ha ayudado a miles a transformar de manera radical sus vidas, sus destinos y sus familias a través de la aplicación de estos principios.

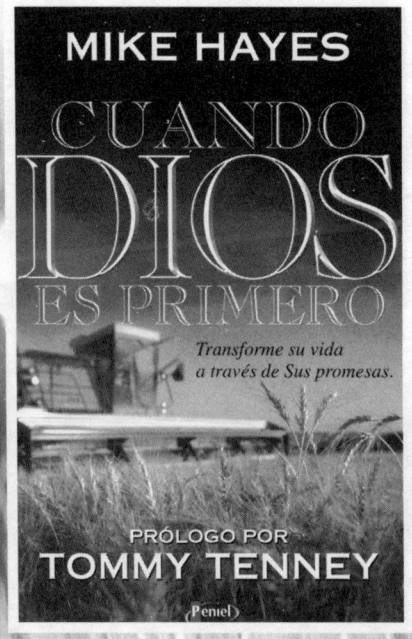

## Cuando Dios es primero

MIKE HAYES

www.editorialpeniel.com